AUF DEM PUNKT

Gerald Knaus

Wir und die Flüchtlinge

Aus der Reihe »Auf dem Punkt«

Herausgegeben von Hannes Androsch

Vorwort des Herausgebers

Wien in der zweiten Hälfte des 19. Jahrhunderts: Binnen 50 Jahren vervierfachte sich die Bevölkerung, als Menschen aus allen Teilen der Habsburgermonarchie in die Hauptstadt des Reiches kamen. Hintergrund war der Prozess der Industrialisierung, der in ganz Europa große Wanderungsbewegungen auslöste. Beispiel also einer massiven Migration.

Migrations- bzw. große Bevölkerungsbewegungen kennzeichnen die Menschheitsgeschichte. Wenngleich die Gründe hierfür vielfältig waren, gehen Forscher heute davon aus, dass sie häufig auch durch massive Veränderungen des Klimas ausgelöst wurden.

Die heutigen Debatten um Migration, Flucht und Asyl werden demnach in einem zu engen Rahmen geführt: Es geht mehrheitlich um Grenzschutz, Schlepperwesen, Abschiebungen und Gewalt an den Grenzen, und dramatische Berichte bereiten eine Stimmungslage auf, aus der rechte und rechtsextreme Parteien politisches Kapital schlagen und mit Schlagwörtern wie »Bevölkerungsaustausch« oder »Umvolkung« Ängste schüren.

Grundsätzlich ist zwischen freiwilliger Bevölkerungsbewegung, wie sie immer schon vorkam – und die wir mit entsprechenden Maßnahmen zur Integration aus wirtschaftlichen Gründen auch brauchen – und den aus Not geflüchteten und folglich nach Asyl suchenden Menschen, die Hilfe brauchen, zu unterscheiden. Zu vermeiden gilt unkontrollierte Migration – eine Herausforderung. Dies eröffnet politischem Opportunismus und Populismus Tür und Tor. Inzwischen ist offensichtlich, dass die Schließung der Balkanroute nie stattgefunden hat und es an entsprechenden Maßnahmen fehlt. Große Worte und keine Taten!

Europa braucht eine grundlegende Neuausrichtung seiner Flüchtlingspolitik. Dazu gehört die Schaffung legaler Fluchtwege, aber auch die Formulierung von Angeboten zur Zusammenarbeit mit den Herkunftsländern – Angebote, die es bis jetzt nicht gegeben hat.

Und Europa braucht endlich eine sinnvolle und geordnete Zuwanderungs- und humanitäre Flüchtlingspolitik mit hinreichenden Integrationsmaßnahmen anstelle populistisch-martialischer Ankündigungen und praktischer Untätigkeit.

Dr. Hannes Androsch

1

Das Ende der Scham

Innenminister versprechen mehr Abschiebungen. Flüchtlingsorganisationen fordern mehr legale Aufnahme von Flüchtlingen. Europäische Gerichte verurteilen Menschenrechtsverletzungen an Europas Grenzen. Europäische Regierungen ignorieren diese Urteile. Seenotretterinnen und -retter suchen einen sicheren Hafen. Migranten ertrinken in großer Zahl im Mittelmeer.

Seit Jahren sind dies vertraute Nachrichten in der öffentlichen Diskussion über Migration, Asyl und Grenzen. Seit Jahren wird in der EU ergebnislos über einen neuen, großen Wurf in der Migrations- und Asylpolitik diskutiert. Seit Jahren drehen sich Debatten über Flucht scheinbar im Kreis.

Gleichzeitig ist in den letzten beiden Jahren Dramatisches passiert. Künftige Historikerinnen und Historiker könnten das Jahr 2021 als den Moment beschreiben, an dem sich Europas Demokratien von der Genfer Flüchtlingskonvention abwandten: Das internationale System des Flüchtlingsschutzes in Europa brach 70 Jahre, nachdem es in Genf entstanden war, in sich zusammen, ohne dass der europäischen Öffentlichkeit die Tragweite bewusst wurde. Und ohne, dass diejenigen, die das als Tragödie sahen, eine Antwort auf die Frage fanden, wie darauf zu reagieren sei.

Beginnen wir mit der Bestandsaufnahme. In den letzten Jahren sind unzählige Zeitungsartikel über Gewalt an den Grenzen der Europäischen Union in Kroatien, Griechenland und Polen erschienen. Seit 2021 erschienen unzählige Berichte in Qualitätsmedien über dramatische Ereignisse in und um Europa. Dabei geht es um schwere Menschenrechtsverletzungen und um das Verletzen der Menschenwürde als systematische Politik europäischer Demokratien.

So schrieb *Der Spiegel* im Oktober 2021 über Gewalt an der kroatischen Grenze:

»Durch das grüne Dickicht an der kroatisch-bosnischen Grenze dringt das Geräusch von harten Gegenständen, die auf Arme, Beine und Rücken knallen. Menschen schreien vor Schmerzen, sie stöhnen und wimmern.

Kräftige Männer in dunkler Uniform stehen an diesem heißen Junitag [2021] auf der kroatischen Seite der Grenzlinie. Sie prügeln auf Afghanen und Pakistaner ein, die gekommen sind, um in Europa um Asyl zu bitten …

Auf den Videos ist zu sehen, wie diese maskierten Männer 22 Flüchtlinge aus der EU hinausjagen. Sie treiben die Menschen zurück nach Bosnien und Herzegowina. Einer der Vermummten holt immer wieder mit seinem Schlagstock aus, lässt ihn auf die Beine der Menschen sausen, damit sie in den Grenzfluss stolpern, in dem das Wasser brusthoch steht. Zum Schluss hebt er drohend seinen Arm und ruft: ›Go! Go to Bosnia!‹«[1]

Im Dezember 2021 schrieb die *New York Times* über die Abschiebung eines Frontex-Übersetzers in die Türkei:

»Ein Dolmetscher der Europäischen Union behauptet, dass griechische Grenzschutzbeamte ihn im September [2021] für einen Asylbewerber hielten, ihn angriffen und ihn dann zusammen mit Dutzenden von Migranten über die Grenze in die Türkei zwangen.

Seine Behauptung ist für die griechischen Behörden besonders problematisch, weil er ein EU-Bürger ist, der von der EU-Grenzschutzagentur Frontex beschäftigt wird. Nach Angaben europäischer Beamter, die mit seinem Fall befasst sind, hat er der Agentur Beweise vorgelegt, die seine Behauptungen über Misshandlungen untermauern.

Die Europäische Union, die bei Misshandlungen von Migranten meist weggeschaut hat, sieht sich nun gezwungen, sich mit dem Problem auseinanderzusetzen. Er sagte, dass er und viele der Migranten, mit denen er festgenommen wurde, geschlagen und entkleidet wurden und dass die Polizei ihre Telefone, ihr Geld und ihre Dokumente beschlagnahmte. Seine Versuche, der Polizei mitzuteilen, wer er sei, seien mit Gelächter und Schlägen beantwortet worden, sagte er. Er sagte, er sei in ein abgelegenes Lagerhaus gebracht worden, wo er mit mindestens 100 anderen Personen, darunter Frauen und Kinder, festgehalten wurde. Dann wurden sie auf Schlauchboote gesetzt und über den Fluss Evros auf türkisches Gebiet gebracht.«[2]

Im Juni 2022 schrieb *Der Spiegel* über Söldner und Gewalt an der griechisch-türkischen Grenze:

»Die Wache von Neo Chimonio [in Griechenland], nur wenige Kilometer vom Evros [Grenzfluss zur Türkei] entfernt, ist unter Geflüchteten besonders berüchtigt. Ein Syrer, der auf den Tarnnamen ›Mike‹ hört, ist hier für die Rekrutierung neuer Gehilfen verantwortlich. Mike war in seiner Heimatstadt Homs in Schmuggel und Drogenhandel verstrickt, berichten mehrere Quellen, die Einsicht in die Polizeidatenbank nehmen konnten. Nun wirbt er Schutzsuchende für Pushbacks an. So berichten es drei von ihnen, die in Neo Chimonio unter ihm gearbeitet haben. Sie zahlten nach eigener Aussage bei einem Vermittlungsbüro in Istanbul rund 5000 Euro ein – dafür erhielten sie das Versprechen, nur kurz in der griechischen Polizeistation festgehalten zu werden … Die Geflüchteten beschreiben Mike als gewalttätig. ›Er schlug die Flüchtlinge vor den Pushbacks‹, sagt ein junger Syrer, der 45 Tage unter ihm arbeitete. ›Und er sagte uns, dass wir dasselbe tun sollen, damit die Griechen mit unserer Arbeit zufrieden sind.‹«[3]

Es sind schockierende Berichte, aus Kroatien und Griechenland, aus Polen und Libyen. Beamte in Uniform, die Migranten verprügeln. Grenzschützer, die Kinder ohne warme Kleider in die Kälte des letzten europäischen Urwaldes nach Belarus drängen. Behörden, die Verbrecher dafür bezahlen, Asylsuchenden Gewalt anzutun. Es sind aber auch schockierend *vertraute* Berichte. Jeder, der sich mit dem Thema beschäftigt, weiß, dass heute an den Außengrenzen der EU systematisch EU-Recht gebrochen und Menschenrechte verletzt werden.

Die europäische Öffentlichkeit ist im Begriff, sich an diese Nachrichten zu gewöhnen. So wie sich die Öffentlichkeit an regelmäßige Berichte über die vielen Toten auf dem Weg nach Europa zu gewöhnen scheint. Im Jahr 2021 starben oder verschwanden allein im Mittelmeer laut der Internationalen Organisation für Migration (IOM) mehr als 2.000 Menschen auf dem Weg nach Europa. Die europäische Außengrenze bleibt, von den Kanarischen Inseln im Atlantik über das zentrale Mittelmeer bis zum Urwald von Białowieża in Polen, die tödlichste Grenze der Welt. Doch Initiativen, das zu beenden, wurden in den letzten Jahren in der Europäischen Union keine mehr ergriffen.

Medien und blutige Grenzen – ein Drehbuch

Im April 2019 verbrachte die Journalistin Nicole Vögele einige Wochen in den Feldern an der bosnisch-kroatischen Grenze, um eine »lückenlo-

Die europäische
Außengrenze bleibt,
von den
Kanarischen Inseln
im Atlantik über das
zentrale Mittelmeer
bis zum
Urwald von
Białowieża in Polen,
die tödlichste
Grenze der Welt.

se Beweisführung« der Pushbacks, der illegalen Rückführungen von Migranten, zu liefern und mit Opfern von Gewalt zu sprechen.[4] Im Mai 2019 berichteten viele europäische Medien über Pushbacks an der kroatischen Grenze. Das Innenministerium in Zagreb wies alle Vorwürfe zurück, die kroatische Präsidentin Kolinda Grabar-Kitarović erklärte, die kroatische Polizei habe mit Brutalität gegenüber Migranten nichts zu tun. Am 10. Juli 2019 sagte sie allerdings im Schweizer Fernsehen: »Illegale Pushbacks? Weshalb denken Sie, dass sie illegal sind? Wir reden über illegale Migranten, Leute, die illegal nach Kroatien kommen wollen. Die Polizei schickt sie zurück nach Bosnien-Herzegowina.«[5] Dies waren die beiden häufigsten Reaktionen auf solche Berichte in den letzten Jahren: Es gibt keine Gewalt. Oder: Es gibt sie, aber sie ist im Namen der Grenzkontrolle alternativlos und daher gerechtfertigt.

Dass Gewalt und Rechtsverletzungen an Europas Grenzen so gut belegt sind, ist nicht selbstverständlich, sondern das Ergebnis einer enormen Anstrengung. In den letzten Jahren haben Medien aus ganz Europa zusammengearbeitet, um Gewalt an den EU-Außengrenzen zu dokumentieren. Im Oktober 2021 schrieb *Der Spiegel*, seine Journalisten hätten »mehr als acht Monate lang an den EU-Außengrenzen in Griechenland und Kroatien recherchiert – gemeinsam mit den europäischen Partnermedien *Lighthouse Reports*, *SRF-Rundschau*, ARD-Studio Wien, dem ARD-Magazin *Monitor*, *Libération*, *Novosti*, RTL Kroatien und *Pointer*.« Berichte dazu lesen sich wie das Drehbuch für einen Film:

»Die beteiligten Reporterinnen und Reporter legten sich selbst auf die Lauer, als Fischer verkleidet. Sie steuerten Drohnen über die Grenzgebiete und werteten Satellitenaufnahmen und Hunderte weitere Videos aus, die ihnen zugespielt wurden. Sie sprachen mit mehr als einem Dutzend Quellen in den Sicherheitsbehörden und verfolgten die digitalen Spuren der Männer, die mit ihren Masken und Schlagstöcken auf Instagram und Facebook posieren.«[6]

Tatsächlich sollten sich ein Drehbuchschreiber und eine Regisseurin dieser Geschichte annehmen und einen Film über Tatorte, dunkle Geheimnisse und über die Verantwortung, die Macht und die Grenze des Einflusses freier Medien drehen.

Es wäre eine Erzählung über Journalistinnen und Journalisten, die angesichts der Geschichten, die sie aufdecken, immer fassungsloser werden. Und die sich zunehmend machtlos fühlen, als sie bemerken, dass selbst schockierende Berichte an der beschriebenen Politik nichts ändern.

Ein Film, basierend nur auf wahren Ereignissen.

Szene 1: Ayşes Flucht

Wir sind an der griechisch-türkischen Grenze, mit einem Blick von oben auf den oft unterschätzten, lebensgefährlichen Grenzfluss, den Evros. Dazu eingeblendet ein Datum: Mai 2019.

Wir sehen die 28-jährige Mathematiklehrerin Ayşe Erdoğan und ihre zwei Begleiter, die sich eines Morgens in der Nähe eines griechischen Dorfs verstecken. Die drei haben gerade erst den Fluss überwunden, sind aus der Türkei, wo Ayşe zu sechs Jahren Haft verurteilt worden war, nach Griechenland geflohen. *Der Spiegel* recherchierte und beschrieb ihre Geschichte:
»Ayşe Erdoğan durfte bis zum Beginn ihrer Revisionsverhandlung das Gefängnis verlassen, allerdings nur unter der Auflage, im Land zu bleiben ...

Ayşe Erdoğan möchte einen Asylantrag stellen. Die Türkin will das Recht in Anspruch nehmen, das die Europäische Union jedem Menschen gewährt, der europäischen Boden erreicht. Zumindest in der Theorie.

›Wir sind politische Asylbewerber‹, sagt Ayşe Erdoğan in die Kamera. ›Wir fliehen vor türkischer Verfolgung. Wir verstecken uns in Nea Vyssa und haben Angst vor einem Pushback.‹ Sie schickt die Videos an ihren Bruder Ihsan, der zu diesem Zeitpunkt bereits in Athen ist. Ein Journalist wird sie später auf Twitter veröffentlichen, die griechische Zeitung *Kathimerini* über ihren Fall berichten. Ayşe Erdoğan schickt ihrem Bruder ihren Standort per WhatsApp. Außerdem schreibt sie E-Mails an griechische Menschenrechtsanwälte und an den Chef des Uno-Flüchtlingshilfswerks UNHCR ... Noch am selben Tag wird Ayşe Erdoğan über den Evros zurück in die Türkei gebracht. Türkische Grenzbeamte greifen sie am nächsten Morgen um 8.10 Uhr auf, sperren sie ins Gefängnis. Am Tag darauf wird sie verurteilt, weil sie das Land illegal verlassen hat.«[7]

In Griechenland regierte damals noch der linke Premierminister Alexis Tsipras. Es folgen Originalaufnahmen: Wir sehen ihn, wie er im Parlament darüber spricht, wie wichtig es ist, Flüchtlinge menschlich zu behandeln. Wir sehen auch den Parteichef der damals wichtigsten Oppositionspartei, Kyriakos Mitsotakis, der der Regierung Tsipras Menschenrechtsverletzungen vorwirft und die Behandlung von Flüchtlingen in griechischen Aufnahmelagern kritisiert. Dann sehen wir, wie sich Mitsotakis im Juli 2019 über seinen Wahlsieg freut. Und nun, als neuer Premierminister, vor der Frage steht: Wie sollen sich griechische Grenzschützer verhalten?

Szene 2: Rechte auf dem Papier

Hier kommt ein Erzähler ins Spiel, der den Zuschauerinnen und Zuschauern den Hintergrund des nun Gezeigten in einfachen Worten erklärt: Es geht um das gültige Recht in der Europäischen Union, einer Gemeinschaft von Rechtsstaaten mit der größten Dichte von Menschenrechtsorganisationen in der Geschichte der Menschheit. In der Hand hält der Erzähler Dokumente, aus denen er jeweils einen Satz vorliest, um sie dann theatralisch in eine offene Mülltonne am staubigen Straßenrand der griechischen Insel zu werfen, auf der er sich befindet:

Die Genfer Flüchtlingskonvention.
Die Europäische Menschenrechtskonvention.
Die Kinderrechtskonvention.
Die Antifolterkonvention der Vereinten Nationen.
Die Europäische Konvention gegen Folter.
Die Europäische Grundrechtecharta.
Der Schengener Grenzkodex.
Die EU-Verfahrensrichtlinie (für Asylverfahren).

Und zuletzt ein Handbuch, Ausgabe 2020, herausgegeben vom Europarat und der Europäischen Grundrechteagentur in Wien, zwei der wichtigsten Menschenrechtsorganisationen in Europa: das *Handbuch zu den europarechtlichen Grundlagen im Bereich Asyl, Grenzen und Migration.*[8] »Was haben alle diese Texte gemeinsam?«, fragt der Erzähler: »Überall steht, dass man Männer, Frauen, Kinder, Migranten, Asylsuchende, ja jeden, auf den Grenzbeamte an der Grenze stoßen, menschenwürdig behandeln muss. Das ist das Wichtigste, was Sie wissen müssen.«

Dann werden noch zwei Begriffe erklärt. Erstens: *Nichtzurückweisung,* vom Französischen abgeleitet: *non-refoulement.*

»Das Prinzip der *Nichtzurückweisung – Non-Refoulement* verbietet die Ausweisung, Auslieferung oder Rückschiebung von Personen, wenn die Annahme besteht, dass ihnen im Zielland Folter, unmenschliche Behandlung oder schwere Menschenrechtsverletzungen drohen.«

Zweitens: *Pushbacks*. Dabei handelt es sich, laut dem Sonderberichterstatter der Vereinten Nationen für die Rechte von Migranten, um »Maßnahmen von Staaten, die dazu führen, dass Asylbewerber *einfach in ein Land zurückgeschoben werden,* ohne dass sie Zugang zu Asylverfahren haben, und ihnen so eine individuelle Prüfung ihrer Schutzbedürftigkeit verweigert wird.« »Pushbacks sind das, was das Nichtzurückweisungsverbot verbietet«, erklärt der Erzähler, setzt sich an den Tisch eines griechischen Lokals und bestellt einen Kaffee.

Szene 3: Gulzars Tod

Wir sind wieder am Evros. Wir sehen Tausende verzweifelte Männer, Frauen und Kinder, griechische und türkische Polizei und Militär, Tränengas und Gewalt. Es ist chaotisch. Wenige Tage zuvor rief der türkische Präsident bei einer Rede im kitschigen Dolmabahçe-Palast am Bosporus Migranten und Flüchtlinge in der Türkei dazu auf, die Landgrenze Richtung Griechenland und EU zu überqueren, da die EU nicht mehr bereit sei, die Türkei, das Land mit den meisten Flüchtlingen in der Welt, wie versprochen angemessen zu unterstützen. Mit Bussen wurden danach Tausende aus Istanbul an die griechische Grenze gebracht. Auch Muhammad Gulzar macht sich mit seiner Frau auf den Weg. Die beiden haben Anfang des Jahres in Istanbul geheiratet. Sie erreichen die Grenze, doch dort finden sie kein Durchkommen. Kurz bevor das Paar aufgibt, um nach Istanbul zurückzukehren, wird Gulzar von einem Schuss tödlich getroffen. Der Schuss kam von der griechischen Seite des Flusses.

Das ist der Auslöser eines journalistischen Großprojektes. Mit dabei sind unter anderem Reporterinnen von *Der Spiegel,* Mitarbeitende einer neu gegründeten niederländischen Organisation, *Lighthouse Reports,* und Forschende des Recherchekollektivs *Bellingcat,* das bald mit dramatischen Enthüllungen zu russischen Geheimdiensten Geschichte schreiben wird. Sie versuchen gemeinsam, Gulzars Tod aufzuklären:

»[Reporter haben] wochenlang auf beiden Seiten der Grenze recherchiert, mehr als zwei Dutzend Augenzeugen befragt, Flüchtlinge, Grenzschützerinnen, Politiker, Ärzte. Sie werteten offizielle Dokumente aus, darunter den Autopsiebericht von Muhammad Gulzar. Die Analysten haben mehr als 100 Videos und Fotos gesichtet, die Migrantinnen und Migranten an der Grenze aufgenommen haben. Die Ergebnisse der Recherche widersprechen den offiziellen Darstellungen, gerade den griechischen, in entscheidenden Punkten. Der Tod von Muhammad Gulzar war vermutlich ein Unglück. Doch ein Unglück mit Ansage.«[9]

Sein Tod: vermutlich ein Unglück. Die Ansage: eine neue Strategie, als Reaktion auf die Drohungen und Handlungen der Türkei, Menschen auch mit offener Gewalt am Überschreiten der griechischen Grenze zu hindern. Dabei ist sich die Regierung in Athen der Unterstützung der EU und ihrer Mitgliedsstaaten sicher.

Szene 4: Europas Schild

Anfang März 2020, auf dem Höhepunkt der Spannungen an der Grenze zur Türkei, kommen die Spitzenvertreter aller europäischen Institutionen ins Grenzgebiet Griechenlands. Der Erzähler stellt uns alle vor:

»Das ist die Präsidentin der Europäischen Kommission (Ursula von der Leyen). Das ist der Premierminister Griechenlands (Kyriakos Mitsotakis). Das ist der Premier Kroatiens, das gerade die EU-Ratspräsidentschaft innehat (Andrej Plenković). Das ist der Präsident des Europaparlaments (der Italiener David Sassoli). Und das ist der Präsident des Europäischen Rates (der Belgier Charles Michel).

Sie sind alle an diese Grenze gekommen. Und sie haben eine Botschaft.«

Dann spricht Ursula von der Leyen vor den Medien in Griechenland:

»Ich möchte dem griechischen Grenzschutz und der Küstenwache, den Zivilisten, der Polizei, den Soldaten und Soldatinnen und Frontex für ihren unermüdlichen Einsatz danken ... Diese Grenze ist nicht nur eine griechische Grenze, sondern auch eine europäische Grenze ...

Unsere oberste Priorität ist es, dafür zu sorgen, dass die Ordnung an der griechischen Außen-

Doch
was bedeutet es,
Migration
»einzudämmen«
und die
»Ordnung
aufrechtzuerhalten«?

grenze, die auch eine europäische Grenze ist, aufrechterhalten wird …

Auf Ersuchen Griechenlands bereitet Frontex [die europäische Grenzschutzagentur] nun den Einsatz eines Soforteinsatzteams für Grenzsicherungszwecke vor. Frontex bereitet die Entsendung eines Hochsee-Patrouillenschiffs und sechs Küstenpatrouillenschiffe, zweier Hubschrauber, eines Flugzeugs und dreier Wärmebildfahrzeuge vor. Zusätzlich zu den derzeit 530 Grenzschutzbeamten wird Frontex 100 Grenzschutzbeamte an den Land- und Seegrenzen einsetzen …

Kyriakos, Charles, David, Andrej [der griechische Premier, der Präsident des Europäischen Rates, der Präsident des Europaparlaments und der Premier Kroatiens] und ich werden in den kommenden Tagen und Wochen in engem Kontakt bleiben, um sicherzustellen, dass wir die benötigte Unterstützung leisten … Wir werden die Linie beibehalten und unsere Einigkeit wird sich durchsetzen … Ich danke Griechenland dafür, dass es in diesen Zeiten unser europäischer ασπίδα [Schild] ist.«[10]

Es ist ein entschlossener Auftritt. Doch was bedeutet es, Migration »einzudämmen« und die

»Ordnung aufrechtzuerhalten«? Handelt es sich um eine feindliche Invasion, bei der es darum geht, eine solche mit allen Mitteln zurückzuschlagen? Und was ist die Mission der europäischen Agentur Frontex, der Patrouillenschiffe, der Flugzeuge und der vielen Beamten, nun Teil eines »europäischen Schildes«?

Tatsächlich ist dies ein Wendepunkt, der auch im Umfang irregulärer Migration nach Griechenland sofort sichtbar wird. Die Zahlen der Ankommenden brechen im März 2020 ein. Seit Jahren kamen nicht mehr so wenige Menschen irregulär über die Grenze der Türkei nach Griechenland wie ab diesem Moment.

Szene 5: Schläge für Mohammed

Es folgt eine atemberaubende Geschichte nach der anderen. Wir sehen die bereits erwähnte Entführung eines Frontex-Übersetzers durch griechische Beamte, der mit 100 anderen festgehalten und dann in die Türkei zurückgestoßen wird und von dort mit der schwedischen EU-Kommissarin telefoniert, die auch für Frontex verantwortlich ist.

Wir sehen die Festnahme von Yousaf, einem jungen Mann aus Pakistan, in einem Lager in der Nähe von

Thessaloniki durch die griechische Polizei, der in der Folge verschleppt und mit Dutzenden anderen über den Evros in die Türkei gebracht wird. Journalistinnen sehen Fotos von ihm in Thessaloniki, wo sie auch seinen Bruder treffen, und sprechen mit ihm in Istanbul.[11]

Wir sehen den zwölfjährigen Mohammed, aus der Stadt Manbidsch im Norden Syriens, der in Nordgriechenland mit seinem Onkel von der griechischen Polizei gestoppt wird:

»Als sie die Scheinwerfer der griechischen Polizisten sahen, ergriffen beide die Flucht. Mohammed sprang über einen Zaun, schlug sich in die Büsche, doch es half nichts. Ein paar Stunden später, erzählen Fouad und Mohammed, standen sie an einer Wand in einem Polizeirevier, zusammen mit anderen Flüchtlingen, die die Beamten aufgegriffen hatten. Die Polizisten hätten ihnen befohlen, sich auszuziehen, sagt Mohammed. Er habe Angst gehabt. Niemand habe ihnen die Chance gegeben, sich registrieren zu lassen. Wer nicht gehorchte, sei geschlagen worden.

Dann hätten die griechischen Polizisten sie an den Evros gefahren. Das letzte Stück habe er zu Fuß gehen müssen, nackt. Der Junge blickt beschämt nach unten, als er davon erzählt. Mohammed sagt, er träume seitdem schlecht. Am Flussufer angekommen, seien sie wieder geschlagen worden, berichtet Mohammed. Männer hätten die Flüchtlinge auf Schlauchboote gesetzt. Mohammed fiel auf, dass sie an ihren Uniformen keine Abzeichen trugen. Dann hätten die Männer sie zurück auf die türkische Seite des Flusses gebracht.«[12]

Wir sehen den Journalisten bei der Arbeit zu. Sie recherchieren, schreiben Artikel, sind stolz auf ihre Enthüllungen. Und erleben, dass sich an der Gewalt an den Grenzen nichts ändert.

Szene 6: Tod in der Ägäis

Ab März 2020 wird die Politik der griechischen Pushbacks erstmals auch auf dem Meer in der Ägäis systematisch angewandt.

Wir folgen dem jungen Syrer Jouma, einem der Ersten, von dem bekannt wird, dass er im April 2020 eine griechische Insel erreicht hatte und von dort über das Meer in die Türkei zurückgebracht wurde. Mit 21 anderen war er bereits auf der Insel Samos: Dies belegen Videoaufnahmen und Zeugen. Dort wurde seine Gruppe aufgegriffen, von der griechischen Polizei aufs Meer gebracht und auf einem aufblasbaren Gummifloß ausgesetzt. Zweimal flog ein Flugzeug der europäischen Grenzschutzagentur über das Gebiet. *Der Spiegel* schrieb dazu:

»Dem Syrer schlugen die Wellen ins Gesicht. Die Kraft ging ihm aus. Er glaubte, sterben zu müssen. Der Syrer Jouma al-Badi musste mehr als 17 Stunden bangen, nachdem ihn die griechischen Sicherheitskräfte auf dem Gummifloß ausgesetzt hatten. Erst dann barg ihn die türkische Küstenwache.«[13]

Wir sehen Amjad Naim, einen Palästinenser. Er hatte Samos im Mai 2020 mit 30 anderen schon fast erreicht, konnte die Küste bereits sehen, als sich ein großes Boot mit griechischer Flagge näherte. Vermummte Männer schossen ins Wasser, zerstörten den Motor und zwangen die Migranten an Bord. Amjad filmte mit seinem Telefon, was danach geschah, als seine Gruppe auf zwei aufblasbaren Rettungsinseln ausgesetzt wurde. Stunden später rettete sie die türkische Küstenwache.[14] Der Artikel im *Spiegel* dazu war noch zurückhaltend, zu unglaublich schien es, dass ein EU-Staat Asylsuchende systematisch in einem der bestbeobachteten Gebiete des Mittelmeers einfach auf dem offenen Meer aussetzen würde:

»Naims Schicksal könnte theoretisch ein Einzelfall sein. Es wäre möglich, dass griechische Küstenwächter die Nerven verloren haben oder dass er an eine besonders brutale Crew geraten ist. Aber so ist es nicht. Naim ist offenbar ein Opfer von vielen. Die Taktik hat System.«[15]

Und wir sehen schließlich die dramatischste Szene des Films, wieder auf Samos, im September 2021. Dort versteckt sich Didier Martial Kouamou, Vater zweier Kinder, der in Kamerun als Mechaniker gearbeitet hatte und von seinem Bruder in Paris ermutigt wurde, zu versuchen, zu ihm zu kommen. Mit ihm im Wald sind ein anderer Kameruner, Ihrabim, sowie Sidy Keita aus der Elfenbeinküste. Die drei rufen von Samos aus per Videoanruf Bekannte an, werden von griechischen Beamten gefunden, geschlagen, in einem Schnellboot aufs Meer hinausgebracht und dort, so wird es Ibrahim später erzählen, von griechischen Beamten ins Wasser gestoßen. Didier geht als Erster in den Wellen unter und ertrinkt. Auch Sidy ertrinkt. Ibrahim, ein sehr guter Schwimmer, schafft es als Einziger an die türkische Küste. *Der Spiegel* schrieb dazu später:

»Für Ibrahims Vorwürfe gibt es keinen unabhängigen Beleg, doch seine Angaben sind stimmig. Ibrahims Beschreibung der türkischen Küstenregion deckt sich mit Satellitenfotos. Seine Angaben zum Wellengang stimmen mit dem Wetterbericht überein. Dass er gut schwimmen kann, ist nicht verwunderlich, in Kamerun diente er in der Marine. Und das griechische Schnellboot identifizierte er anhand von Fotos ... Selbst griechische Beamte halten Ibrahims Angaben für plausibel. *Der Spiegel* hat mit zwei Offiziellen gesprochen, die die Arbeitsweise der Grenzschützer genau kennen, sie wollen ihre Namen nicht veröffentlicht sehen. Den Beamten zufolge stoßen griechische Küstenwächter Flüchtlinge tatsächlich über Bord.«[16]

Didiers Leiche wird zwei Tage später in der Türkei aus dem Wasser geborgen. Er wird in seinem Heimatdorf im Südwesten Kameruns bestattet. Sidy wird in der Türkei beerdigt.

Es wäre ein tragisches Ende, das das Publikum ratlos zurücklassen würde. Und darin liegt ein tieferes Problem.

Würde selbst der ergreifendste Film mit bekannten Schauspielern, herzzerreißenden Szenen und beschämenden Originalaufnahmen, mit Steven Spielberg als Regisseur, Ryan Gosling und Emma Stone als Journalistenpaar und Antonio Banderas als Erzähler mehr bewirken als die vielen Medienartikel der letzten Jahre? Wohl nur, wenn es gelingen würde, auch eine glaubwürdige Alternative zur Politik der Gewalt zu skizzieren, die in Demokratien eine Chance hat, von Regierungen angenommen und umgesetzt zu werden.

Mehrere Dutzend Journalistinnen und Journalisten haben in den letzten Jahren aus vielen Details ein Mosaik aus Fakten zusammengesetzt und ein System des Schreckens in Südosteuropa beschrieben. Doch ihre Artikel, oft aufgegriffen von internationalen Organisationen, regelmäßig zitiert in Parlamenten, haben an den Zuständen nichts verändert. Denn tatsächlich erreichte die staatliche Strategie der Abschreckung ihr Ziel, irreguläre Migration nach Polen, Litauen, Ungarn oder Griechenland drastisch zu begrenzen. So wuchs unter Politikerinnen und Politikern in Europa die Überzeugung, Kontrolle an Grenzen sei, so oder so, nur mit Gewalt zu erreichen.

Erfolg der Abschreckung

2018 waren es noch 18.000 Menschen, die auf dem Landweg aus der Türkei in Griechenland offiziell ankamen, 2019 waren es 15.000, 2021 schließlich weniger als 5.000. Noch dramatischer war der Rückgang der irregulären Migration auf dem Seeweg aus der Türkei nach Griechenland über die Ägäis: Hier fiel die Zahl von 60.000 (2019) auf 4.000 (2021).

Die griechische Regierung feierte die sinkenden Zahlen als Erfolg. Erklären konnte sie den Erfolg allerdings nicht, denn Pushbacks bestritt sie. Am 31. Dezember 2021 schrieb Migrationsminister Notis Mitaraki in einem Tweet:

»Wir verabschieden 2021, das Jahr mit den niedrigsten Migrantenströmen seit Beginn der Krise. Mit Planung, Entschlossenheit und harter Arbeit haben wir die Kontrolle wiedererlangt. Und wir bleiben dran!«

Dies belegte er mit einer Grafik, die zeigte, dass 2021 nur etwa 8.600 Asylsuchende irregulär nach Griechenland gekommen waren, davon die Hälfte über das Meer. In der gleichen Woche verlautbarte allerdings der griechische Marineminister Yiannis Plakiotakis, dass die griechische Küstenwache 2021 mehr als 29.000 Migranten aus dem Meer gerettet habe.[17] 29.000 Menschen aufgegriffen, aber nur 4.000 Menschen auf den Inseln registriert? Die Erklärung für diese erstaunliche Diskrepanz lag auf der Hand.

Auch Frontex, im Rahmen der Operation Poseidon mit mehr als 600 Personen in Griechenland präsent, behauptete, von Pushbacks und Gewalt nichts zu wissen. Frontex-Chef Fabrice Leggeri wiederholte dies auch in jedem Parlament in Europa, in das er eingeladen wurde.[18] Es war allerdings unmöglich, dass eine Mission dieser Größe, mit Hunderten europäischen Beamten, mit eigenen Flugzeugen und Schiffen, nicht bemerkt haben sollte, warum die Zahl der irregulär Einreisenden ab März 2020 gefallen war.

Was bedeutet es
für Demokratien,
wenn Menschenrechte
offen
gebrochen werden
und es zu Entführungen
und Misshandlungen
durch Staatsorgane
kommt, die dann
in einer Verschwörung
des Schweigens
verdrängt werden?

Bereits im Januar 2020 wurde bekannt, dass OLAF, die EU-Behörde für Betrugsbekämpfung, Ermittlungen gegen die Führung von Frontex führte.[19] Leggeris Büro wurde durchsucht, ebenso seine privaten E-Mails. OLAF sprach mit Frontex-Mitarbeitenden. Sie bestätigten: Griechische Pushbacks waren bei Frontex ein offenes Geheimnis, ebenso der Wunsch der Führung, diese zu vertuschen.[20] Anfang 2022 empfahl OLAF dem Frontex-Verwaltungsrat, Disziplinarmaßnahmen gegen die Frontex-Führung zu verhängen. Dabei ging es auch um Pushbacks in der Ägäis und um deren Vertuschen durch Frontex-Chef Leggeri.[21] OLAF bestätigte die Vorwürfe der Medien in einem umfangreichen internen Bericht.[22] Danach war klar: Der Chef von Frontex hatte auch in diversen nationalen Parlamenten gelogen.

Kann eine Demokratie systematischen Rechtsbruch akzeptieren? Was bedeutet es für Demokratien, wenn Menschenrechte offen gebrochen werden und es zu Entführungen und Misshandlungen durch Staatsorgane kommt, die dann in einer europaweiten Verschwörung des Schweigens verdrängt werden?

Ende April 2022 musste Fabrice Leggeri zurücktreten.[23] Der OLAF-Bericht blieb bislang geheim, nur wenige durften ihn lesen, darunter Vertreter aller Regierungen und Mitglieder des Europaparlaments. Doch sonst passierte: nichts.[24] Frontex blieb in Griechenland. Die griechische Regierung bestritt weiterhin jegliche Pushbacks an ihren Grenzen. Leggeri wurde im polnischen Fernsehen zum europäischen Grenzregime befragt und war verbittert. Warum musste er gehen, da doch die gesamte EU die Politik Griechenlands seit März 2020 offensichtlich unterstützte?

Orbáns offene Pushbacks

Anfang 2016 beschloss eine Gruppe von EU-Regierungen, die sogenannte Balkanroute aus Griechenland nach Österreich für irreguläre Migranten zu »schließen«. Migranten sollten daran gehindert werden, Bosnien und Herzegowina oder Serbien in Richtung EU zu verlassen, selbst wenn sie erst kurz zuvor aus dem EU-Mitglied Griechenland in diese Staaten gekommen waren. Sie sollten am Balkan feststecken, darunter auch Minderjährige aus Syrien oder Afghanistan, deren Versuche, irregulär in die EU zu kommen, 2021 in dem bewegenden niederländischen Film *Shadow Game* (dt. Schattenspiel) dokumentiert wurden.

Doch wie sollte diese Route »geschlossen« werden? Staaten in Südosteuropa hatten zwei Möglichkeiten: 1) den Bau hoher Zäune; und 2) gewaltsame Pushbacks. Schwer überwindbare Zäune an Grenzen sind teuer, sie müssen ständig bewacht werden, doch aus rechtlicher Sicht ist nichts gegen einen Zaun einzuwenden. Pushbacks aber waren und sind illegal. Viktor Orbáns Regierung in Budapest ließ sich davon nicht abschrecken. Nachdem er im Herbst 2015 an der ungarischen Grenze zu Serbien einen hohen Zaun fertiggestellt hatte, änderte seine Regierung 2016 das ungarische Asylrecht, um Pushbacks aus ganz Ungarn nach Serbien zu legalisieren. Zäune und Pushbacks: Das war seine Empfehlung auch an andere EU-Regierungen.

Die Europäische Kommission drängte Orbáns Regierung, die Änderungen des Asylgesetzes zurückzunehmen, da sie gegen EU-Recht verstoßen. Als die Regierung in Budapest sich weigerte, brachte die Kommission Ungarn in einem Vertragsverletzungsverfahren vor den Europäischen

Gerichtshof in Luxemburg. Die Kommission gewann. Das Gericht urteilte im Dezember 2020, Ungarns Asylgesetz habe »gegen EU-Recht verstoßen, indem es den Zugang zum internationalen Schutzverfahren beschränkte und Migranten in ein Grenzgebiet zurückschickte«. Asylantragsteller waren »in der Praxis praktisch mit der Unmöglichkeit konfrontiert … ihren Antrag zu stellen«, da jeder, der sich irgendwo illegal in Ungarn aufhielt, sofort gewaltsam auf die andere Seite eines nur wenige Meter von der Grenze zu Serbien errichteten Zauns eskortiert und abgeschoben wurde.

Das Urteil des höchsten Gerichtshofs der EU war eindeutig. EU-Innenkommissarin Ylva Johansson sprach von einem »Meilenstein-Urteil«. Ungarns Regierung reagierte mit Empörung. Die Justizministerin erklärte noch im Dezember 2020, das Urteil sei »gegenstandslos«. Sie schrieb auf *Facebook*:

»Die strengen Grenzkontrollen werden beibehalten. Wir werden die Grenzen Ungarns und Europas weiterhin schützen und alles tun, um die Bildung von internationalen Migrantenkorridoren zu verhindern.«[25]

Die ungarische Regierung zog vor den eigenen Verfassungsgerichtshof und feierte dessen Urteil im Dezember 2021 als nachträgliche Rechtfertigung ihrer Politik. Am 20. Dezember veröffentlichte Viktor Orbán einen Text im Internet, in dem er erklärte:

»Der ungarische Staat hat die Pflicht, schwerwiegende Verstöße gegen die Identität des Einzelnen zu verhindern – auch wenn diese Verstöße auf ein Urteil des Gerichtshofs der Europäischen Union oder auf Mängel in der Machtausübung der EU zurückzuführen sind. Das traditionelle soziale Umfeld der in Ungarn lebenden Menschen darf nicht ohne demokratisches Mandat und staatliche Kontrolle verändert werden.«

Der Ministerpräsident schloss seinen Beitrag mit der Feststellung: »Eine Heimat gibt es nur dort, wo es auch Rechte gibt. Und laut dem ungarischen Verfassungsgericht haben die Ungarn das Recht auf eine eigene Heimat.«

Bis zum Redaktionsschluss der ersten Auflage dieses Buchs im Oktober 2022 ignoriert Ungarn das Gerichtsurteil des Europäischen Gerichtshofs vom Dezember 2020.

Frontex zog sich im Januar 2021 aus Ungarn zurück. Kommissarin Johansson erklärte in der *Süddeutschen Zeitung*: »Für mich ist es zu hundert Prozent klar, dass unsere eigene Agentur sich vollumfänglich an europäisches Recht und die Grundrechte halten muss.«[26] Auch Frontex erklärte nach dem Gerichtsurteil: »Unsere Anstrengungen zum Schutz der EU-Außengrenzen können nur erfolgreich sein, wenn unsere Aktivitäten und Kooperationen im Einklang mit EU-Gesetzen stehen«. Die EU-Kommission begrüßte diese Entscheidung.

Doch an der Situation an der ungarischen Grenze änderte sich nichts.

Kroatiens versteckte Pushbacks

Auch in Kroatien wurde in den letzten Jahren viel über Gewalt gegen Migranten an der Grenze zu Bosnien und Herzegowina berichtet. Für Kroatien wie für die EU war dies jedoch ein sensibles Thema. So einfach wie Ungarn konnte es sich dessen südwestlicher Nachbar nicht machen, denn Kroa-

Die europäischen
Institutionen
verhielten sich wie
schon in Griechenland
und hielten sich
Augen,
Ohren und
Mund zu.

tien wollte dem Schengen-Raum beitreten und musste dafür eigentlich beweisen, dass es in der Lage war, EU-Recht umzusetzen. Offene Pushbacks waren daher ausgeschlossen, denn das EU-Recht legt fest, wie sich ein Schengen-Mitglied an seinen Grenzen verhalten muss.

Gleichzeitig jedoch erwarteten viele EU-Mitgliedsstaaten von Kroatien, seinen Beitrag zu leisten und dabei zu helfen, die Balkanroute geschlossen zu halten. Der Ausweg: Kroatien setzte auf heimliche Gewalt. Und die europäischen Institutionen verhielten sich wie schon in Griechenland und hielten sich Augen, Ohren und Mund zu.

Die Evaluierung Kroatiens für seinen Schengen-Beitritt begann 2016. Bis 2019 wurden acht Evaluierungsberichte erstellt. Darin ging es um Mängel bei der Umsetzung der Gesetze des Schengen-Raums, um Datenschutz, polizeiliche Zusammenarbeit und Zusammenarbeit in Strafsachen. Vor allem aber ging es um die Kontrolle der Außengrenzen.

Bereits 2016 stellte die Kommission fest: Kroatien erfüllte alle Kriterien, bis auf jene, die den Grenzschutz betrafen. Dazu schrieb sie: »Mängel an den Landgrenzen betrafen: die unzureichende Anzahl an ständigem Personal; das technische Überwachungssystem an der Grenze zu Bosnien und Herzegowina, das noch nicht eingerichtet ist … die geringe Anzahl an Spürhunden für die Überwachung.« Kroatien legte der Kommission und den anderen Regierungen im Europäischen Rat Aktionspläne mit konkreten Vorschlägen vor, um alle identifizierten Probleme zu lösen. Kroatien berichtete auch von seinen Anstrengungen: Mehr Personal für die Grenzüberwachung wurde geschult, auch 18 weitere Diensthunde beschafft.

Im November 2018 veröffentlichte der englische *Guardian* Filmmaterial, das zeigte, wie Asylbewerber von der kroatischen Polizei geschlagen und über die Grenze zurückgedrängt wurden. Im Mai 2019 erklärte die Kommission, dass die »für die Anwendung des Schengen-Besitzstands im Bereich des Schutzes der Außengrenzen erforderlichen Voraussetzungen« von Kroatien »vollständig erfüllt« waren. Im Oktober 2019 empfahl die Kommission den Beitritt Kroatiens zum Schengen-Raum: Kroatien habe alle Maßnahmen ergriffen, um sicherzustellen, dass die Regeln des Schengen-Raums umgesetzt würden.

Doch während die Europäische Kommission Kroatien lobte, griff eine andere internationale Organisation Medienberichte über Menschenrechtsverletzungen auf: der Europarat und sein *Komitee zur Verhütung von Folter und unmenschlicher oder erniedrigender Behandlung oder Strafe* (CPT). Das CPT wurde 1989 geschaffen und gehört zu den wichtigsten Institutionen in Europa, um unmenschliche Behandlung und Folter zu verhindern. Delegationen des CPT haben das Recht, ohne Vorankündigung Polizeistationen und Gefängnisse in jedem Mitgliedsland des Europarates zu besuchen, um die Einhaltung der Menschenrechte zu prüfen. Staaten können die Veröffentlichung der darüber angefertigten Berichte zwar grundsätzlich verhindern, Russland tat dies 21-mal, bevor es im März 2022 wegen des Überfalls auf die Ukraine aus dem Europarat ausgeschlossen wurde, und auch die Türkei machte davon zweimal Gebrauch. Allerdings kam dies bis dahin noch keinem Mitglied der EU in den Sinn. Das änderte sich im Jahr 2020.

Im August 2020 besuchte eine CPT-Delegation Kroatien. Sie inspizierte Polizeistationen. Sie befragte Migranten in Bosnien und Herzegowina, die erklärten, von der kroatischen Polizei über die Grenze zurückgedrängt worden zu sein. Im November 2020 übergab die Delegation den kroatischen Behörden ihren Bericht. Wie immer forderte sie die Regierung dazu auf, Maßnahmen zu ergreifen und Missstände zu korrigieren. Dann aber geschah etwas, das es so in der EU noch nie gegeben hatte: Kroatiens Regierung weigerte sich, die Veröffentlichung des Berichts zu genehmigen.

Im März 2021 schloss Kroatien sein Schengen-Evaluierungsverfahren erfolgreich ab. Die Europäische Kommission empfahl daraufhin erneut den Schengen-Beitritt Kroatiens. Die Regierung habe »alle 281 Empfehlungen in acht Bereichen« umgesetzt. Etwa die Hälfte dieser Empfehlungen betraf den Schutz der Außengrenzen.

Im Juni 2021 versteckten sich europäische Journalistinnen und Journalisten in kroatischen Wäldern. Sie schrieben im Oktober eine Serie von Artikeln: Über Männer mit Sturmhauben und Uniformen ohne Abzeichen, die Migranten verprügelten und nicht ahnten, dass »wenige Meter entfernt, verdeckt nur von ein paar Sträuchern und Bäumen, eine Reporterin und ein Reporter im Gebüsch sitzen und filmen«.[27] Im Dezember 2021 kam der Rat der Europäischen Union dennoch zu dem Schluss, dass Kroatien *alle* Voraussetzungen für einen vollständigen Beitritt zum Schengen-Raum erfüllt hatte. Der endgültige Beschluss bedurfte nur noch der Zustimmung aller Schengen-Mitgliedsstaaten. Diese sollte im Laufe des Jahres 2022 folgen.

Im Dezember 2021 veröffentlichte auch das CPT seinen bis dahin geheimen Bericht. Zuvor hatten Mitglieder der kroatischen Regierung die CPT-Delegation und ihre Arbeitsweise öffentlich angegriffen. Das CPT erklärte, dazu nicht länger schweigen zu können, ohne Schaden zu nehmen: »Der Ausschuss betrachtete diese Aussagen als eine falsche Darstellung des Inhalts des Berichts, der beruflichen Integrität und der Arbeitsweise der Mitglieder der CPT-Delegation.«[28] Das CPT argumentierte nun, dass nur die Veröffentlichung des Berichts es allen erlauben würde, sich selbst ein Bild zu machen.

Das Bild war verstörend. Der CPT-Bericht lieferte handfeste Beweise für systematische Gewalt. In einer kroatischen Polizeistation nahe der Grenze zu Bosnien wurde, so das CPT, »der Delegation ein Schichtübergabebuch vorgelegt, in dem eine erhebliche Anzahl (nämlich 2.293) Migranten verzeichnet war, die in den vorangegangenen achtzehn Tagen von kroatischen Strafverfolgungsbeamten in der Nähe der Grenze ›abgefangen‹ oder ›umgeleitet‹ wurden.«[29]

Dazu kamen viele Zeugenaussagen. Das CPT ließ diese, sowie reichhaltiges Fotomaterial, von Sachverständigen prüfen und befand: vieles sei glaubwürdig. Menschen wurden von kroatischen Einsatzpolizisten mit Schlagstöcken geschlagen. Sie wurden gefesselt Böschungen hinuntergestoßen. Sie wurden, nur mit Unterwäsche bekleidet oder sogar völlig nackt, nach Bosnien zurückgeschickt. Sie wurden auch mit gefesselten Händen zu je 25 in Fahrzeuge für acht Personen gepfercht, sodass schon der Transport zu Verletzungen führte. Sogar die Polizeihunde schafften es in den Bericht:

»Ein marokkanischer Staatsangehöriger gab an, dass eine Gruppe von mehr als zehn Polizeibeamten, die Sturmhauben trugen, ihn am ganzen Körper verprügelten und ihm schließlich den Ellbogen auskugelten, bevor sie ihn gegen 3 Uhr nachts nach Bosnien und Herzegowina zurückbrachten. Ein pakistanischer Staatsangehöriger berichtete, dass er von zwei Polizeibeamten abgefangen und aufgefordert wurde, aufzustehen, woraufhin die Beamten einen Hund auf ihn losließen und er in sein rechtes Bein gebissen wurde.«

Nach Erscheinen des Berichts Ende 2021 erklärte der kroatische Präsident, Zoran Milanović, der Europarat sei voller »Ideologen und Moralisten« und die Expertinnen und Experten des Anti-Folter-Komitees »Schädlinge«, die »überall ihre Nasen reinstecken« würden. Milanović ergänzte, man könne Migranten »nicht mit der Balalaika begrüßen«. Das sei Aufgabe der Polizei und gehe nur mit »einem gewissen Maß an Gewalt«.[30]

»Wir lassen uns nicht erpressen«

Tatsächlich markiert 2021 eine Zäsur. Der endgültige Durchbruch der Doktrin, dass »ein gewisses Maß an Gewalt« an Grenzen unvermeidlich sei, geschah Ende 2021, jedoch nicht in Südosteuropa, sondern zeitgleich an der Grenze der EU zu Belarus.

Dort begann im Sommer 2021 die Instrumentalisierung von Migration durch den belarussischen Diktator Alexander Lukaschenko in Minsk. Lukaschenko versuchte, Druck auf die EU auszuüben. Er lockte Menschen, vor allem aus dem Irak, in die belarussische Hauptstadt Minsk mit dem Versprechen, von hier aus ohne Gefahr in die EU gelangen zu können. Tausende folgten seinem Ruf. Polen, Lettland und Litauen riefen daraufhin an ihren Grenzen zu Belarus einen Notstand aus. Sie beschrieben Migration als »hybriden Angriff«. Und sie griffen zu Pushbacks und änderten hierfür ihre Asylgesetze.

Im August 2021 registrierten die lettischen Behörden 386 Asylanträge. Das war der Auslöser für Notmaßnahmen, mit denen Zurückschiebungen legalisiert wurden. Eine Verordnung trat in Kraft. Sie erlaubte dem Grenzschutz, dem Militär und der Polizei, jede Person, die irregulär die lettische Grenze von Belarus aus überquerte, ohne jedes weitere Verfahren sofort nach Belarus zurückzubringen, auch mittels Gewalt. Litauen und Polen beschlossen ähnliche Gesetzesänderungen.

Keine der drei Regierungen verheimlichte, dass nun Beamte Pushbacks durchführten. In Polen wurden Menschen auch im Landesinneren aufgegriffen und nach Belarus zurückgezwungen. Die Regierung präsentierte sich dabei als Vorbild für Europa. Und verweigerte von Anfang an jede Unterstützung durch Frontex.

Keine EU-Regierung äußerte mehr Kritik. Zwei bemerkenswerte Interviews im November markierten den Wendepunkt in der deutschen Debatte. Ihnen ging ein Treffen der europäischen Außenminister in Brüssel am 15. November voraus, bei dem die anderen Staaten Polen erneut Unterstützung zusagten. Am Abend des 15. November befragte die Journalistin Caren Miosga in der ARD den deutschen Außenminister Heiko Maas zu den polnischen Pushbacks.[31]

»**Miosga:** Diese Bilder von den frierenden und hungernden Menschen vor dem Stacheldraht der Grenze zur EU, soll von ihnen die Botschaft ausgehen, ›ihr kommt hier nicht rein‹?
Maas: Erst mal sind das schreckliche Bilder, und das, worum wir uns als Deutschland, aber auch als EU uns heute noch mal bemüht haben, ist, dafür

zu sorgen, dass es humanitäre Hilfe gibt ... Aber man muss ganz einfach auch sagen, die Menschen werden instrumentalisiert von Herrn Lukaschenko aus Belarus. Wir dürfen dem auch nicht nachgeben, wir müssen auch, so schwierig das ist in dieser Situation, deutlich machen, dass die EU sich von Verbrechern wie Lukaschenko nicht erpressen lässt ...

Miosga: Wenn das der Weg ist, Herr Maas, muss man sich nicht auch ehrlich machen und sagen, ›gut, wir bauen diese Mauer, die Polen haben will, und zwar mit EU-Geld‹?

Maas: Ehrlich gesagt, ob mit EU-Geld gebaut wird oder nicht, halte ich für zweitrangig. Die Tatsache, dass wir darüber reden, dass an den EU-Außengrenzen Zäune, Stacheldrähte oder Mauern gebaut werden, ist nichts Schönes, aber wir sind auch dafür verantwortlich, dass die Zuwanderung in die Europäische Union eine geordnete sein muss ...

Miosga: ›Mauern sind nichts Schönes‹ klingt ein bisschen zynisch. Eigentlich hat doch jeder, der an die Tür der EU klopft, zumindest erst mal das Grundrecht auf Asyl. Das wird den Menschen dort an der Grenze doch komplett verwehrt.

Maas: Ich glaube, wir haben auch eine Verantwortung, die Aufnahmebereitschaft in Deutschland und in anderen europäischen Mitgliedsstaaten, die Bereitschaft dafür wirklich aufrechtzuerhalten. Und ich glaube, das wird schwierige politische Diskussionen nach sich ziehen, wenn wir zulassen, dass wir erpresst werden und diese Erpressung dann auch noch Erfolg hat.«

So wie Maas sprach damals die gesamte EU. In einer Krise, so der europäische Konsens, der sich hier zeigte, durften EU-Staaten das Non-Refoulement-Gebot dem robusten Grenzschutz opfern. Dies wurde zwei Tage später in einem Interview offensichtlich, das Paul Ronzheimer von der *BILD-Zeitung* mit dem polnischen Premierminister Mateusz Morawiecki führte. Das Interview ist ein historisches Dokument, denn hier erklärte Morawiecki einem deutschen Publikum, warum sich Polen einfach nicht mehr an EU-Asylrecht halten würde: Es herrsche Krieg an seiner Grenze.[32] Morawiecki erläuterte stattdessen, wie dieser Krieg gewonnen werde:

»**Bild**: In Deutschland hieß es 2015 immer wieder, Grenzen könnten nicht geschützt werden. Beweisen Sie gerade das Gegenteil?
Morawiecki: Natürlich. Wir stehen geschlossen an unserer Grenze. Und kaum jemand kommt durch, obwohl es jede Nacht und jeden Tag Tausende versuchen. Das zeigt: Man kann seine Grenzen erfolgreich schützen. Und als souveräner Staat muss man das auch garantieren. Das Gleiche gilt für Europa: Wir müssen alles tun, um unsere Grenzen am Mittelmeer und im Osten zu schützen vor Zuwanderung.
Bild: Also Mauern rund um Europa?
Morawiecki: Wir brauchen jede Form von Schutz und Überwachung, um Angriffe abzuwehren. Sei es eine Mauer, einen Zaun oder elektronische Anlagen, die jedes Eindringen sofort melden. …
Bild: Aber Polens neue Gesetze ermöglichen auch Push-Backs – entgegen dem EU-Recht.
Morawiecki: Grenzschutz muss effektiv sein. Darum müssen wir Menschen zurückschieben können, die unsere Grenzen verletzen.«

Im Januar 2022 berichtete *Die Zeit* in einem von vielen bewegenden Artikeln über die Folgen dieser Politik: das Sterben an der Grenze von Polen und Belarus:

Doch Europas
Regierungen
verstummten
angesichts
der Tragödien an ihren
Außengrenzen.

»Aus Angst vor solchen ›Pushbacks‹ versuchten Frauen, Männer und Kinder, sich unentdeckt durch die Wälder zu schlagen – in vielen Fällen ohne Lebensmittel, Wasser oder warme Kleidung. Mindestens 21 Menschen starben nach Angaben der Organisation *Ärzte ohne Grenzen* dabei im vergangenen Jahr.«[33]

Doch anders als europäische Medien, anders als OLAF und das CPT, anders auch als viele Nichtregierungsorganisationen verstummten Europas Regierungen angesichts der Tragödien an ihren Außengrenzen.

Seit März 2020 gab es keine offene Kritik anderer EU-Regierungen an den Pushbacks an der griechisch-türkischen Grenze.

Seit Dezember 2020 gab es keine europäische Regierung, die die Kommission dazu aufforderte, ihr vor Gericht gewonnenes Vertragsverletzungsverfahren gegen Ungarns Asylgesetz zu einem erfolgreichen Abschluss zu bringen – und etwa beim Europäischen Gerichtshof eine Geldstrafe zu beantragen, um Ungarn doch noch dazu zu bringen, das Europäische Höchstgerichtsurteil umzusetzen.

2021 kritisierten, trotz aller kritischen Medienberichte, weder die Kommission noch andere EU-Regierungen die Gewalt an der kroatischen Grenze.

Und nun, im Herbst und Winter 2021, fand sich erneut keine europäische Regierung, um die Gesetze Polens, Lettlands und Litauens sowie die Praxis der Pushbacks nach Belarus zu kritisieren.

Im besten Fall wurde »weitere Aufklärung« gefordert. So besuchte etwa am 28. Juli 2022 die deutsche Außenministerin Annalena Baerbock Griechenland. Die *Tagesschau* berichtete: »Baerbock hat in Griechenland die illegale Zurückweisung von Flüchtlingen an der EU-Außengrenze kritisiert und *eine systematische Aufklärung gefordert.*«[34] Baerbock erklärte weiter, die EU müsse »noch stärker sicherstellen können, dass natürlich auch an der europäischen Außengrenze die Menschenrechte rund um die Uhr eingehalten werden«. Das Zurückdrängen von Flüchtlingen über die EU-Außengrenzen sei »mit europäischem Recht nicht vereinbar«. Doch konkreter wurde sie nicht, sprach weder über einen Abzug von Frontex noch über den der deutschen Regierung vorliegenden OLAF-Bericht. In einem Interview mit der griechischen Zeitung *Ta Nea* wurde Baerbock auf die Berichte europäischer Medien zu Pushbacks angesprochen:

»**Ta Nea:** Berichte europäischer Medien haben auch eine Schattenseite des Umgangs griechischer Behörden mit Flüchtlingen gezeigt. Werden Sie sich ein eigenes Bild von der Situation der Flüchtlinge in Griechenland machen?
Baerbock: Ja. Von abstrakter Politik in gekühlten Büroräumen halte ich grundsätzlich wenig. Politik heißt, sich selbst ein Bild zu machen. Und es ist schwer, sich von Berlin aus vorzustellen, wie groß die Aufgabe ist, die Griechenland hier für uns alle übernimmt. Wer ein Europa ohne Binnengrenzen will, muss auch die Sicherheit der EU-Außengrenze als gemeinsame Aufgabe verstehen. Deshalb spreche ich mich für mehr Solidarität in der EU aus und für mehr Unterstützung Griechenlands aus.«[35]

Was aber bedeutete in diesem Zusammenhang »Menschenrechte ohne Wenn und Aber« zu schützen, wie Baerbock dies ebenfalls forderte?

»Migrationswaffen« und »Heucheleikosten«

Tatsächlich folgt die EU-Politik an ihren Grenzen heute der Logik eines Kampfes gegen Migration als hybridem Angriff. Dabei geht es vor allem darum, *sich nicht erpressen zu lassen*. Politikerinnen und Politiker bedienen sich dabei der Konzepte, die die amerikanische Politikwissenschaftlerin Kelly Greenhill in einem Buch, das 2010 auf Englisch und 2016 auf Deutsch unter dem Titel *Massenmigration als Waffe. Vertreibung, Erpressung und Außenpolitik* erschien, entwickelt hatte. Greenhill beschreibt darin Staaten als »Angreifer«, die durch den Einsatz von Flüchtlingen als »Waffe« Zugeständnisse erpressen wollen. Sie schreibt über »Nötigung«, »Drohungen«, »Überschwemmung«, »erpresserische Zwangsmigration« und über Flüchtlinge als »demografische Bomben«.[36] In einem Interview definiert Greenhill »Migrationswaffen« als »Waffen nichtmilitärischer Art, die von staatlichen, wie auch nichtstaatlichen Konfliktparteien genutzt werden. Konkret geht

Wer von der
Menschenwürde
spricht, diese
dann aber verletzt,
kann als
Heuchler
angegriffen werden.

Werte werden so zu
einer Schwäche.

es um die massenhafte Bewegung von Menschen über Grenzen hinweg, die dazu genutzt werden, um den Gegner unter Druck zu setzen oder um ihm Konzessionen abzuringen.«[37]

Dass es sich bei diesen Waffen um Menschen handelt, mit einer unantastbaren Würde, mit eigenen Ideen, Motivation und Willen, ändert an der Analyse wenig. Tatsächlich, schreibt Greenhill, können Migrantinnen und Migranten »sich beispielsweise in verschiedene Richtungen bewegen und dies in kleinerer oder größerer Zahl als vom Angreifer gewünscht. In diesem Fall wird eine Abwanderung eher zu einer ungelenkten Rakete als zu einer intelligenten Bombe ...«[38] Greenhill kommt zu einem bemerkenswerten Schluss: Demokratien sind umso anfälliger für »erpresserische Zwangsmigration«, je mehr sie sich den Menschenrechten verpflichtet sehen. Sie spricht in diesem Zusammenhang von »Heucheleikosten«, symbolische Kosten, die dort anfallen, wo ein Missverhältnis zwischen der erklärten Verpflichtung zu Werten einerseits und staatlichem Handeln andererseits besteht.

Wer von der Menschenwürde spricht, diese dann aber verletzt, kann als Heuchler angegriffen werden. Werte werden so zu einer Schwäche. Wer aber keine Werte hat oder bereit ist, diese bei einem Angriff mit »Migrationswaffen« zu opfern, kann auch nicht mehr erpresst werden. Ungarn und Polen zeigten dies, indem sie Pushbacks an ihren Grenzen nicht leugneten, sondern als einzig richtige Lösung präsentierten. So entstehen keine Heucheleikosten, und die Erpressung scheitert.

Das alles hat einen sehr hohen Preis: Grundrechte von Menschen werden außer Kraft gesetzt. Immer mehr Regierungen in Europa sind heute bereit, diesen Preis zu zahlen: die Zerstörung der Rechtsstaatlichkeit und das Ende des Respekts für die Flüchtlingskonvention an Europas Grenzen. Damit verabschieden sich die Demokratien Europas von dieser Konvention und von weiteren Grundpfeilern des Menschenrechtsschutzes.

Keine Regierung ist derzeit dazu bereit, die Politik der Abschreckung und der Pushbacks in Griechenland, Kroatien oder Polen klar zu benennen oder zu kritisieren. Solange das so ist, helfen auch die besten Medienbeiträge, Recherchen oder Filme nicht.

Gebraucht wird eine Strategie, um dem Migrationswaffendiskurs eine überzeugende, alternative und umsetzbare Vision humaner Kontrolle entgegenzusetzen. Doch wie könnte eine solche Strategie aussehen und die Unterstützung von Regierungen und Mehrheiten gewinnen?

2

Österreich als Vorbild?

»Um zu wissen, was zu tun ist und wie Ressourcen zu priorisieren sind, gibt es nichts Wichtigeres als besonnen zu rechnen und zu erkennen, was funktioniert und was nicht.«
(Hans Rosling, *Factfulness*, S. 163)

Stellen wir uns vor, die Demokratien dieser Welt würden beschließen, sich in ihrer Flüchtlingspolitik an Österreich zu orientieren: insbesondere an der Politik der Alpenrepublik in den vier Jahren der Ära Sebastian Kurz von Anfang 2018 bis Ende 2021. Was für eine Welt wäre das?

Ich stellte mir diese Frage im Juli 2022, nachdem mich das Jüdische Museum in Hohenems in Vorarlberg eingeladen hatte, auf dem Schlossplatz einen Vortrag zu halten. Bei der Veranstaltung ging es um Flucht und Flüchtlinge in der Zeit des Dritten Reichs. Damals hatten viele versucht, von hier über den Alpenrhein die sichere Schweiz zu erreichen. In Hohenems sprachen Nachfahren von Flüchtlingen, die es geschafft hatten; von jenen, die den Flüchtenden dabei halfen; und auch Familienangehörige derer, die an der Grenze gefasst wurden und ums Leben kamen. Das Ziel der Veranstaltung war es, diese Geschichten vor dem Vergessen zu bewahren, in der Erwartung, dies sei für die Gegenwart von Bedeutung. Darüber sollte ich sprechen. Und fragte mich: Was passiert tatsächlich, wenn man, wie in Österreich, mit solchen Geschichten aufwächst? Ist die Hoffnung berechtigt, dass die Auseinandersetzung mit Verbrechen und Verfehlungen der Vergangenheit eine Gesellschaft so nachhaltig verändern kann, dass diese auch Jahrzehnte später offener gegenüber jenen ist, die heute vor Gefahren fliehen müssen? Bedeutet es mehr als Symbolik, dass in Hohenems die Brücke in die Schweiz nach Paul Grüninger benannt wurde, jenem Schweizer Polizeichef, der damals österreichische Jüdinnen und Juden gegen den Willen seiner Vorgesetzen über die Grenze in die Schweiz kommen ließ?

Ich wusste, dass 2016 sowohl Deutschland als auch Österreich eine außergewöhnlich große Zahl von Flüchtlingen – gemeinsam insgesamt 469.000 – nach Asylverfahren anerkannt hatten. In der ganzen Welt erhielten in jenem Jahr laut dem UNHCR 900.000 Menschen Asyl. Somit trafen Deutschland und Österreich mit etwa einem Prozent der Weltbevölkerung mehr als die Hälfte aller positiven Asylentscheidungen. Allerdings war dies eine Ausnahmesituation in einer außergewöhnlichen Zeit. Bald kritisierten auch Politikerinnen und Politiker die damaligen Entscheidungen dafür, dass damals so viele Asylantragstellende ins Land kommen konnten. Sebastian Kurz sprach von einem Staatsversagen, das sich »nie wiederholen« dürfe, und gewann damit Wahlen. Wie nachhaltig war die Bereitschaft in Österreich tatsächlich, auch in der Zeit seit den Ausnahmejahren 2015–2016, weiterhin Flüchtlinge aufzunehmen?

Ich setzte mich mit den Fakten und Zahlen auseinander, rechnete und tat das, was immer wieder zu erstaunlichen Erkenntnissen führen kann: Zeiten und Länder zu vergleichen. Dabei erlebte ich eine Überraschung. Denn die Zahlen zeigen deutlich: Eine *österreichischere* Welt, in der sich mehr Gesellschaften so verhalten hätten wie Österreich von 2018 bis 2021, wäre eine für Flüchtlinge sehr, sehr viel bessere als jene, in der wir heute leben.

Eine erstaunliche Karriere

Beginnen wir mit der Politik, mit einer der erstaunlichsten Karrieren im Europa der letzten Jahre, und mit der Erklärung für meine Überraschung. Ende 2017 wurde Sebastian Kurz mit 31 Jahren zum jüngsten Bundeskanzler der Republik gewählt. Die von ihm geführte Österreichische Volkspartei (ÖVP) regierte in den darauffolgenden Jahren in unterschiedlichen Koalitionen; zunächst mit der rechtspopulistischen FPÖ, dann mit den Grünen. Dabei behielt Sebastian Kurz in beiden Regierungen das Heft der Flüchtlingspolitik bis zu seinem Rückzug aus der Politik Ende 2021 fest in der Hand.

Bei seinem Aufstieg spielte das Thema Flüchtlinge von Anfang an eine zentrale Rolle. Schon im August 2015, damals noch als Außenminister, beklagte Kurz, dass »Griechenland als EU-Land die Flüchtlinge einfach ins benachbarte Nicht-EU-Land Mazedonien durchwinkt.«[39] Schon bald sollte Kritik an jeder Politik des »Durchwinkens« zu seinen Standardbotschaften gehören. Im Oktober 2015 forderte Kurz »eine ehrlichere Politik. Ich wünsche mir definitiv, dass wir in Europa, vor allem auch Deutschland, die Dinge endlich beim Namen nennen und klipp und klar sagen: Es braucht ein Ende der Einladungspolitik. Wir sind überfordert. Es kommen einfach zu viele Menschen.«[40] In jenem Monat kamen mehr als 200.000 Menschen in kleinen Booten über die Ägäis nach Griechenland und von dort nach Mitteleuropa.

Kurz wurde nun zum beliebtesten Politiker des Landes. Im Januar 2016 erklärte er der Tageszeitung *Die Welt*, überforderte EU-Staaten sollten »damit anfangen, Flüchtlinge nicht mehr einreisen zu lassen und keine Asylanträge mehr anzunehmen.«[41] Die dazu notwendigen Maßnahmen an den Grenzen seien durchzusetzen. Er ergänzte: »Es ist nachvollziehbar, dass viele Politiker Angst vor hässlichen Bildern bei der Grenzsicherung haben«, doch werde es »nicht ohne hässliche Bilder« gelingen, Flüchtlinge zu stoppen. Im Februar organisierte er als Außenminister in Wien eine Westbalkankonferenz mit Außen- und Innenministern aus Slowenien, Kroatien, Bulgarien und den Westbalkanstaaten, um Grenzschließungen zu vereinbaren. Anfang März erklärte er der *Süddeutschen Zeitung*, irgendwo müsse man Flüchtlinge aufhalten: »Es ist moralisch nicht hochwertiger, wenn die Flüchtlinge in der Türkei aufgehalten werden, als wenn man sie in Griechenland oder in Mazedonien aufhält. Für die Flüchtlinge bedeutet es das Gleiche, nämlich dass sie nicht nach Mitteleuropa durchkommen.«[42]

Immer wieder rechtfertigte Kurz diese Bemühungen auch mit dem Argument, nur so ließe sich die Zahl der Toten im Mittelmeer reduzieren. Am 8. März 2016, als die Grenzkontrollen auf dem Balkan umgesetzt wurden und bereits Tausende an der griechisch-mazedonischen Grenze bei Idomeni feststeckten, erklärte er in der Nachrichtensendung *ZiB2*: »Die meisten Toten entstehen, wenn wir in Europa offen sind und dazu verleiten, dass sich immer mehr auf den Weg machen.«[43] Im Juni 2016 lobte Kurz Australiens Politik der Zurückweisung aller irregulär Kommenden als Vorbild für Europa. Er empfahl die langfristige Internierung von Asylsuchenden auf Inseln:

»Wer auf einer Insel wie Lesbos bleiben muss und keine Chance auf Asyl hat, wird eher bereit sein, freiwillig zurückzukehren, als jemand, der schon eine Wohnung in Wien oder Berlin bezogen hat.«[44]

Im März 2017 kritisierte er bei einem Besuch in Malta private Seenotretter im zentralen Mittelmeer mit den Worten: »Der NGO-Wahnsinn muss beendet werden«.[45] Im Wahlkampf im Herbst 2017 präsentierte sich Kurz, der die Führung seiner Partei übernommen hatte, dann als der Mann, der die »Schließung der Balkanroute« erreicht hatte. Er versprach, alles dafür zu tun, damit sich eine unkontrollierte Zuwanderung von

Schutzsuchenden »wie 2015« nie wiederholen würde. Seine Partei gewann die Wahl mit 32 Prozent der Stimmen. Er war Bundeskanzler.

Als Regierungschef vollendete er beim Thema Flüchtlinge den Schulterschluss mit seinem Koalitionspartner, der rechtspopulistischen FPÖ. Er kritisierte den auch von Trump, Orbán und der AfD abgelehnten und von der deutschen Regierung unterstützten globalen Migrationspakt der Vereinten Nationen. Dieser sei schädlich und Österreich würde ihn nicht unterschreiben. Sein FPÖ-Innenminister, Herbert Kickl, erklärte, das Ziel der Regierung sei eine grundsätzlich andere Asyl- und Flüchtlingspolitik in Europa. Im Juli 2018 erklärte Kickl vor einem EU-Treffen, Flüchtlinge sollten grundsätzlich keine Asylanträge mehr innerhalb der EU stellen können.[46] Im Mai 2019 erklärte Kickl im österreichischen Nationalrat, wie gut die Dinge jetzt liefen: »In Österreich sollen künftig keine Asylanträge gestellt werden. Mein Ziel ist die Null, schließlich ist Österreich von sicheren Staaten umgeben. Die Richtung [der Zahl der Asylanträge] stimmt, wir sind im Sinkflug unterwegs.«[47]

Im September 2019 kam es zu Neuwahlen. Erneut empfahl sich Kurz den österreichischen Wählern als »starke Stimme in der EU im Bereich der Migration«.[48] Seine Flüchtlingspolitik sei ein Erfolg gewesen, ihr Ziel bleibe unverändert null illegale Migration nach Europa durch einen möglichst umfassenden Außengrenzschutz. Seine Partei gewann erneut die Wahl, diesmal sogar mit 38 Prozent. Er blieb Bundeskanzler.

An seinen Überzeugungen in der Flüchtlingspolitik hielt Kurz auch in der Koalition mit den Grünen fest. Nach dem Brand des Lagers Moria auf der Insel Lesbos im September 2020 kritisierte er den Vorschlag, Asylsuchende aus Griechenland aus humanitären Gründen in andere EU-Länder zu holen: »Wenn wir diesem Druck jetzt nachgeben, dann riskieren wir, dass wir dieselben Fehler machen wie im Jahr 2015.«[49] In einem Video wiederholte er, man dürfe sich nicht durch Empathie verführen lassen: Auch 2015 hätten die »schrecklichen« Bilder von Migranten am Bahnhof in Budapest dazu geführt, dass die europäische Politik dem Druck nachgegeben und Grenzen geöffnet habe. Daraufhin hätten sich mehr Menschen auf den Weg nach Mitteleuropa gemacht. Bei einer

Diskussion auf *Krone TV* im September 2020 mit dem Generalsekretär der Caritas und mit mir, kurz nach dem Brand von Moria, bezeichnete Kurz Forderungen aus der Zivilgesellschaft und der Opposition, Flüchtlingskinder aus Moria aufzunehmen, als »populistisch«. Kurz erinnerte daran, dass es viele Kinder in Not in der ganzen Welt gäbe, denen ja auch nicht geholfen würde. Ich erwiderte, dass nach dieser Logik jede Form von Hilfe immer und überall sinnlos wäre, und dass sich die konkreten Menschen, über die wir sprachen, bereits in der EU befanden. Auf ihn machte das keinen Eindruck.

Seine Strategie ging auf. Kurz war populär und gewann Wahlen. Offensichtlich gelang es ihm, viele seiner Landsleute zu überzeugen. Er empfahl seine Strategie auch anderen befreundeten Politikern. Dabei sprach er über irreguläre Migration, Flucht und Grenzen so wie Viktor Orbán.

Das österreichische Paradox

Was aber passiert, wenn wir für einen Moment die Reden und Werbespots der damals in Österreich Regierenden, die Fernsehdiskussionen, Zeitungsinterviews und Talkshows aus unseren Erinnerungen ausblenden? Wenn wir nicht auf das achten, was gesagt wurde, sondern auf das, was in Österreich in jenen Jahren tatsächlich geschah? Und uns dabei auf Fakten stützen, wie folgende drei bemerkenswerte Zahlen aus den jährlichen *Global-Trends*-Berichten des UN-Flüchtlingskommissariats UNHCR über Flucht und Asyl in der Welt?

56.000

Kurz vertrat Orbáns Positionen so eindringlich, dass seinen Anhängern wie seinen Kritikern das Offensichtliche entging. Tatsächlich gab es in jenen Jahren in Europa keinen größeren Kontrast in der Politik gegenüber Asylsuchenden als den zwischen Österreich und Ungarn. 2018–2021 wurde in Ungarn in vier Jahren 402 Flüchtlingen internationaler Schutz erteilt. In Österreich erhielten im selben Zeitraum 56.000 Flüchtlinge internationalen Schutz.

1.500

Tatsächlich wurde in Österreich in diesen vier Jahren jedes Jahr durchschnittlich 14.000-mal internationaler Schutz erteilt. Das sind mehr als 1.500 positive Entscheidungen pro Jahr pro eine Million Einwohnerinnen und Einwohner.

In der ganzen Welt lag in diesen Jahren nur ein Land vor Österreich: Griechenland. Allerdings zogen aus Griechenland in diesen Jahren etwa die Hälfte aller dort anerkannten Flüchtlinge, mehr als 40.000, *nach* ihrer Anerkennung nach Deutschland weiter und stellten einen zweiten Asylantrag.[50] Dies war möglich, weil deutsche Gerichte festgestellt hatten, dass selbst anerkannte Flüchtlinge in Griechenland in ihrem Grundrecht auf ein menschenwürdiges Leben verletzt würden. Blickt man daher auf anerkannte Flüchtlinge, die im Land blieben, so war Österreich in Europa bei der Vergabe von Flüchtlingsstatus alleiniger Spitzenreiter vor Zypern, der Schweiz und Deutschland.

Daraus folgt eine weitere erstaunliche Erkenntnis: Hätten alle Länder der EU, alle europäischen Demokratien (neben der EU zusätzlich das Vereinigte Königreich, die Schweiz, Norwegen) oder gar alle wohlhabenden OECD-Staaten (zusätzlich Japan, USA, Kanada, Australien ...) im Verhältnis zu ihrer Bevölkerungszahl so vielen Menschen den

Flüchtlingsstatus erteilt wie Österreich in der Ära Kurz, wären dies in vier Jahren folgende Zahlen gewesen:

Nur EU
(Bevölkerung 447 Mio.): 2,8 Mio. Flüchtlinge
EU und UK, Schweiz, Norwegen
(Bevölkerung 529 Mio.): 3,3 Mio. Flüchtlinge
Alle OECD-Staaten
(Bevölkerung 1.376 Mio.): 8,5 Mio. Flüchtlinge

1,4 Millionen

Laut UN-Flüchtlingskommissariat UNHCR gab es Anfang 2018 in der ganzen Welt 19,9 Millionen Flüchtlinge unter seinem Mandat. Ende 2021 waren es 21,3 Millionen. Somit wuchs die Zahl aller Flüchtlinge in der Welt in diesen vier Jahren um insgesamt 1,4 Millionen.

Hätten sich alle OECD-Staaten so verhalten wie Österreich von 2018 bis 2021, dann wären in vier Jahren mehr als acht Millionen Flüchtlinge aufgenommen worden. Die positiven humanitären Folgen einer solchen Politik wären dramatisch gewesen.

Hätten sich allein die Mitgliedsstaaten der EU in diesen vier Jahren so verhalten wie Österreich in der Ära Kurz, dann hätten die EU-Staaten allein mehr als doppelt so vielen Flüchtlingen Schutz geboten (2,8 Millionen), als es in der Welt in diesen Jahren neue Flüchtlinge gab (1,4 Millionen). Ein derartiges europäisches Aufnahmeprogramm wäre einer Revolution im globalen Flüchtlingsschutzsystem gleichgekommen.

Was folgt aus diesen Vergleichen und Annahmen für eine künftige Politik?

Rhetorik ist das eine. Die Zahl der Menschen, die am Ende Schutz erhalten, ist das andere. Bei der Beurteilung der Flüchtlingspolitik von Gesellschaften sollte man nicht nur auf politische Rhetorik blicken, sondern auf die tatsächlichen Ergebnisse für Schutzbedürftige. Dabei sind verlässliche Zahlen für die Beurteilung der Politik verschiedener Staaten unverzichtbar.

Für Afghanen, Syrerinnen und verfolgte Journalisten aus dem Kongo, dem Iran oder Russland ist entscheidend, wie viele Staaten der Welt Schutzbedürftigen wie ihnen Schutz bieten, wo es faire

Verfahren gibt, und wo es Flüchtlingen ermöglicht wird, ein Leben in Sicherheit und Würde zu führen, und an der Gesellschaft teilzuhaben. Hinter jeder Zahl aufgenommener Flüchtlinge steht ein menschliches Schicksal.

Das Wichtigste sind daher nicht nur die in ganz Europa weitgehend gleichen gültigen Gesetze, sondern die Ernsthaftigkeit, mit der diese umgesetzt werden. Es geht dabei vor allem anderen um den Zustand der Rechtsstaatlichkeit.

Die österreichische Besonderheit in den letzten Jahren bestand darin, dass Regierende so sprachen wie Viktor Orbán – »das Ziel ist null irreguläre Migration«, »das geht nicht ohne hässliche Bilder«. Gleichzeitig aber handelten alle relevanten Institutionen im Einklang mit gültigem Recht. Und so kam es zu den weltweit höchsten Anerkennungszahlen von Flüchtlingen in diesen Jahren.

Bei der Umsetzung der Flüchtlingspolitik einer Gesellschaft sind viele eingebunden: Politik und Verwaltung, zivilgesellschaftliche Organisationen und Privatpersonen. Hohe Anerkennungsquoten legen nahe, dass jene, die in den letzten

Hinter jeder Zahl
aufgenommener
Flüchtlinge
steht ein
menschliches
Schicksal.

Jahren Österreich erreichten und einen Asylantrag stellen konnten, mit einem fairen Verfahren rechnen durften und oft Schutz zuerkannt bekamen. Wer dann in einem Verfahren als Flüchtling anerkannt wurde, erhielt danach auch die im österreichischen, europäischen und internationalen Recht vorgesehene Unterstützung. Der Rechtsstaat, die Verwaltung, die Zivilgesellschaft funktionierten. Das ist, wie wir an Europas Grenzen bereits sehen konnten, niemals selbstverständlich.

Schließlich halten wir fest: Die österreichische Gesellschaft war von dieser Zahl anerkannter Flüchtlinge nicht überfordert. 14.000 positive Entscheidungen im Jahr entsprachen 0,15 Prozent der Gesamtbevölkerung. Gäbe es keine weitere irreguläre Migration darüber hinaus, wäre das eine Zahl, die keine Demokratie der Welt überfordern würde. Würde dies zum Maßstab aller Demokratien beim Flüchtlingsschutz, käme das aber einer Revolution gleich.

Das ist eine ermutigende Botschaft. Aus ihr ergibt sich ein konkretes Ziel, für das es sich lohnt, Koalitionen zu mobilisieren: das Ziel, dass die Demokratien Europas, und möglichst viele Demokratien auf anderen Kontinenten, jedes Jahr einer ähnlichen Anzahl von Menschen Schutz geben.

Jede entwickelte Demokratie verkraftet es, im Jahr 1.500 Flüchtlinge pro eine Million Einwohnerinnen und Einwohner aufzunehmen, wenn dies organisiert und kontrolliert verläuft. Das zu erreichen, ist eine realistische Utopie.

Doch noch etwas folgt aus der Erfahrung Österreichs, und hier geht es um die Macht politischer Erzählungen. Das ermutigende Beispiel enthält auch eine Warnung. In einer Debatte in Wien im September 2020 erklärte Kurz stolz, mit seinen Vorstellungen zur Flüchtlingspolitik die politische Debatte in Europa entscheidend geprägt zu haben:

»Ich habe mich bereits 2015 gegen diese falsche Politik der offenen Grenzen gestellt und wurde daher oft als rechtsradikal und menschenverachtend abgestempelt. Jetzt freue ich mich, dass viele Länder Europas ähnlicher Meinung sind – es hat sich viel in die richtige Richtung bewegt.«[51]

Die Fragen,
die Kurz so erfolgreich
in die Mitte
der Debatte rückte,
verlangen in allen
Demokratien
überzeugende
Antworten,
umso mehr angesichts
der realen Lage an den
EU-Außengrenzen
heute.

Kurz zeigte, dass Politiker, die in Demokratien Wahlen gewinnen wollen, ein überzeugendes Konzept der Kontrolle von Grenzen brauchen. Die Fragen, die Kurz so erfolgreich in die Mitte der Debatte rückte – Wie lässt sich das Geschäftsmodell ruchloser Schlepper zerstören? Wie lässt sich irreguläre Migration reduzieren? Ist Grenzkontrolle ohne Verletzungen der Menschenrechte und Menschenwürde, auch ohne »hässliche Bilder«, möglich? –, verlangen in allen Demokratien überzeugende Antworten, umso mehr angesichts der realen Lage an den EU-Außengrenzen heute.

3

Zypern, Deutschland, Afrika

»Wir werden irreguläre Migration reduzieren und reguläre Migration ermöglichen.«
Koalitionsvertrag der deutschen Ampelkoalition, 2021

Wer verstehen will, wie eine humane Migrations- und Asylpolitik an den Außengrenzen der EU aussehen könnte, sollte einen kurzen Text lesen, der im Herbst 2021 in Berlin präsentiert wurde: das Migrationskapitel im Koalitionsvertrag der deutschen Ampelregierung.

Wer verstehen will, wie es um die europäische Migrations- und Asylpolitik tatsächlich steht, sollte sich mit der Situation in einem EU-Mitgliedsstaat beschäftigen, der im Jahr 2022 vor einer außergewöhnlichen Herausforderung an seinen Grenzen steht: die Republik Zypern.

Der deutsche Koalitionsvertrag verspricht, irreguläre Migration zu reduzieren und gleichzeitig die Menschenrechte von Asylsuchenden und Migranten zu schützen. Die Frage ist, ob das, was auf dem Papier vernünftig erscheint, auch in der Praxis funktioniert und in einer Krisensituation wie in Zypern heute umsetzbar ist, um irreguläre Migration effektiv zu reduzieren. Kann es gelingen, durch eine Strategie humaner Grenzkontrolle einen Durchbruch zu erzielen, der den Blick auf die Optionen an Europas Grenzen grundlegend verändern würde?

Asylinsel

Kein Land in der EU hat, gemessen an der Größe seiner Bevölkerung, in den letzten fünf Jahren je so viele Asylanträge entgegengenommen wie Zypern. Zwischen 2018 und 2021 wurden dort in vier Jahren etwa 41.000 Asylanträge gestellt. 2021 verzeichnete Zypern eine Rekordzahl von 13.300. Im ersten Halbjahr 2022 waren es schon 12.000.[52]

Zypern hat mit rund 900.000 Einwohnerinnen und Einwohnern etwa ein Prozent der Bevölkerung Deutschlands. Man muss diese Asylantragszahlen mit Hundert multiplizieren, um zu verstehen, was diese Entwicklung in Deutschland bedeuten würde. Wären in Deutschland pro Kopf so viele Asylanträge gestellt worden wie in Zypern, wären es zwischen 2018 und 2021 vier Millionen gewesen, plus zwei Millionen zusätzlich 2022: also sechs Millionen Asylanträge in fünf Jahren. Im Rekordjahr 2016 wurden in Deutschland »nur« 720.000 Asylanträge gestellt. 2021 waren es 190.000. Weder Deutschland noch irgendein anderes EU-Land hat je Vergleichbares zu dem erlebt, was in Zypern gerade passiert. Es ist die größte Asylkrise eines EU-Mitglieds in der Geschichte der EU.

Die Insel Zypern ist geteilt. Die griechische und die türkisch-zypriotische Gemeinschaft leben weitgehend getrennt voneinander. Der Süden der Insel steht unter der Kontrolle der international anerkannten Regierung der Republik Zypern (im Weiteren: »Zypern«). Diese ist seit 1961 Mitglied des Europarats und seit 2004 Mitglied der Europäischen Union. Im Süden finden die Genfer Flüchtlingskonvention, die Europäische Menschenrechtskonvention und das EU-Asylrecht Anwendung. Eine nationale Asylbehörde trifft erstinstanzliche Entscheidungen. Ein Verwaltungsgericht entscheidet über Berufungen. Zypern ist heute pro Kopf nicht nur das EU-Mitglied mit den meisten Asylanträgen, sondern auch das mit den meisten getroffenen Asylentscheidungen, 2021 eine Rekordzahl von 12.000. Das wäre so, als würde die deutsche Asylbehörde im Jahr 1,2 Millionen Entscheidungen treffen. Tatsächlich traf das Bundesamt für Migration und Flüchtlinge im Rekordjahr 2016 weniger als 800.000 Entscheidungen.

Der Norden steht unter der Kontrolle der Regierung der selbst ernannten Türkischen Republik Nordzypern (im Weiteren: »Nordzypern«). Diese

Regierung wird nur von der Türkei anerkannt. Die Bevölkerungszahl beträgt rund 380.000. In Nordzypern gibt es heute kein Asylsystem.

2021 kamen laut Innenministerium in Nikosia insgesamt 16 Asylsuchende aus der Türkei sowie 775 aus Syrien und dem Libanon mit dem Boot irregulär in die Republik Zypern. Über den türkisch kontrollierten Norden der Insel kamen dagegen 11.564. Im Juli 2022 stellte ein UN-Bericht fest, dass 87 Prozent der neuen Asylantragstellenden »irregulär aus dem nördlichen Teil Zyperns eingereist« waren:

> »… es könnte viel mehr getan werden, um den Strom irregulärer Migranten durch den nördlichen Teil Zyperns einzudämmen, insbesondere angesichts der großen Zahl von Asylsuchenden, die im Besitz einer gültigen, von den türkisch-zyprischen Behörden ausgestellten Aufenthaltsgenehmigung sind.«[53]

Allerdings wird Nordzypern auch in Zukunft ausländischen Studierenden Zugang zu seinen Universitäten gewähren, denn der Hochschulsektor ist eine der wichtigsten Einnahmequellen für die Wirtschaft des Nordens. Mit 29 Prozent der

Bevölkerung hat Nordzypern eine der höchsten Studentenkonzentrationen der Welt, übertrifft selbst Städte mit einer jahrhundertealten universitären Tradition wie Oxford (33.000 Studierende bei 162.000 Einwohnern, 20 Prozent) und Heidelberg (24 Prozent). In Nordzypern kommen auf eine Bevölkerungszahl von 380.000 etwa 110.000 Studierende (29 Prozent). Von diesen sind 14.000 aus Nordzypern. Im letzten akademischen Jahr waren von 27.000 neuen Studierenden nur 4.000 aus Nordzypern, aber 10.000 türkische Staatsangehörige und 13.000 Menschen aus Drittländern. Die meisten stammten aus Nigeria, Jordanien, Syrien, Kamerun, Iran, Irak, Pakistan, der Demokratischen Republik Kongo, Libyen, Ägypten und Palästina.

Im Juli 2022 traf ich in Nikosia einen Journalisten, der Anfang 2022 aus der Demokratischen Republik Kongo (im Weiteren: DR Kongo) nach Zypern gekommen war. Aus Sicherheitsgründen nennen wir ihn Jean. Jean erzählte, dass er in seiner Heimat festgenommen wurde, weil er in Zeitungsartikeln die Machthaber im Land kritisiert hatte. Die Folter, die er erlitt, hinterließ bis heute sichtbare Narben an seinem Körper. Nachdem Jean weitere

Drohungen erhalten hatte, beschloss er zu fliehen. Zypern bot die mit Abstand einfachste, sicherste und schnellste Möglichkeit, nach Europa zu reisen. Jean bewarb sich online an einer der 21 privaten Universitäten im türkischen Teil von Zypern.

Um sich zu bewerben, lud Jean eine Kopie seines Reisepasses und seines Schulabschlusses hoch. Nach ein paar Tagen erhielt er eine vorläufige Zusage der Universität und eine Kontonummer. Er überwies etwa 1.400 Euro an die Universität, um eine Aufnahmezusage zu erhalten. Damit konnte er beim türkischen Konsulat ein Studentenvisum beantragen, das er sehr schnell erhielt. Anschließend buchte er im Februar 2022 einen Flug über Istanbul nach Nordzypern. Es gab kein Risiko, keine Notwendigkeit für Schmuggler, er tat nichts Illegales, um dorthin zu gelangen.

Von Nordzypern aus überquerte er irregulär mit einem Auto die Pufferzone in den Süden, wobei er feststellte, dass »es keine wirklichen Kontrollen gab«. Nach der türkischen Invasion des Nordens 1974 begann eine Mission der Vereinten Nationen zur Überwachung der Pufferzone, der alten Waffenstillstandslinie zwischen Nord und Süd.

Im Sommer 2022 bestand die Mission aus 800 UN-Militärangehörigen, hauptsächlich aus dem Vereinigten Königreich, Argentinien und der Slowakei, und 70 UN-Polizisten in Zypern.

Die Pufferzone ist 180 Kilometer lang. In Teilen von Nikosia ist sie weniger als 20 Meter, anderswo aber sieben Kilometer breit. Sie umfasst drei Prozent des Inselgebiets. Bis 2004 war die Pufferzone stark vermint, doch bis Ende 2010 wurden fast alle Minenfelder geräumt. Es gibt bis auf wenige Kilometer keinen Zaun und keine Mauer.

Im Süden angekommen, beantragte Jean Asyl. So hatten es fast alle Kongolesen und andere Afrikanerinnen und Afrikaner gemacht. Die meisten wussten sehr wenig über Zypern, bevor sie dort ankamen. Jean hoffte nun, dass ihm Asyl gewährt werden würde, und er so seine in Frankreich lebende Schwester wiedersehen könnte.

Heute ist die Republik Zypern der einzige Staat in der EU, in den alle Angehörigen eines afrikanischen oder asiatischen Staates, die bereit und in der Lage sind, einige Tausend Euro auszugeben, ohne Gefahr für Leib und Leben verhältnismäßig einfach über den Norden der Insel einreisen können. Im November 2021 schrieb der zypriotische Präsident Nikos Anastasiadis einen Brief an EU-Kommissionspräsidentin Ursula von der Leyen, in dem er von einem Ausnahmezustand und einer untragbaren Situation sprach. Seitdem hat sich die Lage weiter zugespitzt.

Seit 2018 stieg die Zahl der Asylanträge von Menschen aus Kamerun, Nigeria und der DR Kongo von etwa 700 (2018) auf 4.100 (2021). Im ersten Halbjahr 2022 gab es zum ersten Mal mehr Asylbewerbende aus der DR Kongo (2.065) und aus Nigeria (2.001) als aus Syrien (1.834).

Syrer erhalten hier, wie im Rest der EU, zu fast hundert Prozent Schutz. Bei Asylantragstellern aus Pakistan, Indien und Bangladesch waren 2021 dagegen nur zehn der 5.385 erstinstanzlichen Entscheidungen positiv – 0,2 Prozent. Bei Staatsangehörigen der Demokratischen Republik Kongo und Nigeria waren es 20 von 755 erstinstanzlichen Entscheidungen – 2,6 Prozent.[54]

Was passiert mit jenen, die im Süden einen Asylantrag stellen? Wer heute in Zypern einen Asylantrag stellt, muss damit rechnen, drei Jahre auf eine erstinstanzliche Entscheidung zu warten. Gleichzeitig wächst durch die vielen Neuanträge die Zahl unbearbeiteter Anträge. Ende Mai 2022 waren es 33.000.

2021 war Zypern bei der Rückkehr Ausreisepflichtiger – freiwillig oder durch Abschiebungen – pro Kopf erfolgreicher als jedes andere EU-Land: 2.200 verließen Zypern.[55] Allerdings blieben die meisten auch nach einer negativen Entscheidung in Zypern. Im Jahr 2021 gab es 235 Negativentscheidungen für Bürger der DR Kongo. Die Gesamtzahl der Rückkehrer lag bei 40. Im selben Jahr gab es 1.930 negative Entscheidungen für Bürger aus Bangladesch. Zurückgekehrt sind nur 80. Da Zypern nicht Mitglied des Schengen-Raums ist, bleiben diejenigen, die nicht freiwillig zurückkehren oder abgeschoben werden, auf der Insel. Ein »Weiterwinken« in Nachbarländer, wie in anderen Teilen der EU, ist nicht möglich.

Anfang 2022 forderte der Innenminister Zyperns die EU auf, gegenüber der Türkei tätig zu werden.[56] Der griechische EU-Kommissar Margaritis Schinas erklärte während eines Besuchs im größten Aufnahmezentrum für Asylsuchende im Juni 2022: »Die EU wird einen Weg finden, die türkische Führung dafür verantwortlich zu machen, den Migrantenstrom in den Norden der Insel und von dort in die Republik zu begrenzen.«[57] Wie dies gehen sollte, welchen Druck die EU aufbauen sollte, erklärte er nicht.

Zäune oder Migrationsdiplomatie

Was also kann die Regierung Zyperns tun? Sie hat nur wenige Optionen.

Die Regierung kann die EU auffordern, alle in Zypern Ankommenden in andere EU-Länder weiterreisen zu lassen. Damit würde die EU allerdings die Kontrolle über ihre Außengrenze und irreguläre Migration in die Hände der Türkei und Nordzyperns legen. Als konsequente Politik ist das politisch vollkommen unrealistisch. Realistisch sind begrenzte freiwillige Aufnahmen. Im Juni 2022 gab es eine Einigung zwischen einer Gruppe europäischer Staaten, freiwillig aus allen EU-Mittelmeerländern Schutzbedürftige aufzunehmen und zu verteilen. Mitte Juli hatten 13 Staaten 8.000 Plätze angeboten.[58] Deutschland bot 3.500 Plätze an und wollte davon etwa 500 Menschen aus Zypern direkt übernehmen. Das

Tatsächlich hat die Regierung der Republik Zypern zwei Optionen.

Die erste ist eine Strategie von Zäunen, Pushbacks und Bruch von EU-Recht.

Die zweite ist der Versuch, durch Verhandlungen und schnelle Rückführungen irreguläre Migration zu reduzieren.

ist hilfreich und sinnvoll, aber es wird die Asylkrise auf der Insel nicht beenden.

Tatsächlich hat die Regierung der Republik Zypern zwei Optionen. Die erste ist eine Strategie von Zäunen, Pushbacks und Bruch von EU-Recht. Die Regierung könnte versuchen, in der Sicherheitszone das zu tun, was Regierungen in Polen, Lettland und Griechenland an ihren Außengrenzen tun. Im Sommer 2021 begannen Polen, Litauen und Lettland den Bau von Zäunen an ihren Grenzen zu Belarus. Der polnische Zaun wurde in sechs Monaten fertiggestellt und hat eine Länge von 180 Kilometern. Das ist in etwa auch die Länge der Sicherheitszone in Zypern. In einem Gespräch mit dem staatlichen Rundfunksender sagte der Innenminister Zyperns, dass Kontrolle auch durch die Errichtung physischer Barrieren erfolgen könne. Er erklärte: »EU-Mitgliedsstaaten, die versuchen, die illegale Einwanderung zu bekämpfen, haben dies getan, indem sie Barrieren errichtet, spezialisierte Patrouillen aufgestockt und ihre technischen Überwachungssysteme verbessert haben.«

Im März 2021 begann die Regierung mit der Errichtung eines elf Kilometer langen Stacheldrahtzauns entlang der Pufferzone. Im Dezember 2021 kündigte der Innenminister an, die Regierung werde »Löcher« entlang der 180 Kilometer langen Waffenstillstandslinie schließen. Im Februar 2022 kündigte die Regierung an, dass sie ein israelisches Überwachungssystem installieren werde. Im Mai beantragte das Innenministerium die Einstellung von 300 Vertragspolizisten »zur Verhinderung irregulärer Migration«.

Allerdings gibt es große Unterschiede zwischen der Grenze Polens zu Belarus und der Waffenstillstandslinie, die Zypern seit 1974 teilt. So war es bislang Konsens in Nikosia, dass die Linie entlang der Pufferzone nicht zu einer Außengrenze werden dürfe. Eine Politik der Pushbacks würde auch die Friedensmission der Vereinten Nationen in ernste Schwierigkeiten bringen. Am 5. Juli 2022 äußerte der UN-Generalsekretär in einem Bericht an den Sicherheitsrat der Vereinten Nationen seine Besorgnis:

»Trotz wiederholter Aufforderungen des Sicherheitsrats an die Parteien, das Mandat der Mission

Eine Politik der Pushbacks könnte aber auch zu schweren internationalen Spannungen führen.

in Bezug auf die Pufferzone zu respektieren, kam es weiterhin zu Eingriffen durch nicht genehmigte Bauten, die die Integrität der Pufferzone gefährden … Darüber hinaus gaben die griechischen Zyprioten an, dass entlang der südlichen Waffenstillstandslinie weitere Überwachungstechnik eingesetzt werden soll, um irreguläre Migranten und Asylsuchende von der Überquerung der südlichen Grenze abzuhalten, und dass zu diesem Zweck eine neue, 300 Mann starke offizielle Truppe geschaffen werden soll. Die Mission … ist besorgt, dass der Einsatz der neuen Polizeikapazität zu chronischen neuen Übergriffen in der Pufferzone führen könnte.«[59]

Ein Zaun wie an der polnischen Außengrenze, der die Insel teilen würde, würde das Leben der Bewohner der Sicherheitszone dramatisch verändern. Die Sicherheitszone ist Heimat für etwa 10.000 Menschen, vor allem Griechinnen und Griechen, die dort in vier Dörfern leben. Bauern bearbeiten hier ihre Felder. Eine Politik der Pushbacks könnte aber auch zu schweren internationalen Spannungen führen. Pushbacks würden in einer bewohnten und von den Vereinten Nationen kontrollierten Sicherheitszone stattfinden.

Was aber würde die UN-Mission machen, sollten Asylsuchende weiterhin in großer Zahl den Norden der Insel verlassen und von Grenzbeamten im Süden in die Sicherheitszone zurückgestoßen werden? Die UN wäre dann für die Asylsuchenden verantwortlich. Die »Lösung«, auf die andere EU-Staaten in den letzten Jahren zurückgriffen, um irreguläre Migration zu stoppen, ist daher in Zypern bislang aus guten Gründen noch nicht ergriffen worden.

Die zweite Option ist der Versuch, durch Verhandlungen mit Herkunftsländern und schnellen Rückführungen nach zügigen Verfahren irreguläre Migration zu reduzieren. Damit das aber eine Chance auf Erfolg hat, braucht Zypern die Unterstützung anderer Staaten. Hier kommt der deutsche Koalitionsvertrag ins Spiel.

»Irreguläre und reguläre Migration – ein deutscher Plan«

Ende 2021 wurde in Berlin der Koalitionsvertrag der deutschen Ampel »Mehr Fortschritt wagen (2021–2025)« vorgestellt. Die deutsche Regierung werde, so versprechen es hier die drei Parteien SPD, Bündnis 90/Die Grünen und FDP, »einen

Neuanfang in der Migrations- und Integrationspolitik gestalten, der einem modernen Einwanderungsland gerecht wird«. Und weiter:

»Dafür brauchen wir einen Paradigmenwechsel: Mit einer aktiven und ordnenden Politik wollen wir Migration vorausschauend und realistisch gestalten. *Wir werden irreguläre Migration reduzieren und reguläre Migration ermöglichen.*«

»Wir werden!«: Der Text lässt an der Entschlossenheit der Autorinnen und Autoren keine Zweifel. In den Wochen vor und während der Verhandlungen stand ich im Austausch mit Verhandelnden aller drei Parteien, die sich an verschiedenen Orten in Berlin-Mitte zusammensetzten, um an dem Text zu arbeiten. Allen schien es ein Anliegen, dass das, was beschlossen wurde, auch umgesetzt werden sollte. So verspricht der Text, die »illegalen Zurückweisungen und das Leid an den Außengrenzen« der EU zu beenden, ebenso den Zustand der Rechtslosigkeit an diesen Grenzen:

»Wir stehen zu unserer humanitären Verantwortung und den Verpflichtungen, die sich aus dem Grundgesetz, der Genfer Flüchtlingskonvention

(GFK), der Europäischen Menschenrechtskonvention (EMRK) und dem Europarecht ergeben.«

Dazu verweist der Koalitionsvertrag auf konkrete Maßnahmen, an deren Umsetzung deutsche und europäische Regierungen bislang gescheitert sind:

1.: zügige Asylverfahren
»Asylverfahren müssen fair, zügig und rechtssicher ablaufen.«

2.: konsequente Abschiebungen Ausreisepflichtiger
»Nicht jeder Mensch, der zu uns kommt, kann bleiben. Wir starten eine Rückführungsoffensive, um Ausreisen konsequenter umzusetzen.«

3.: Vereinbarungen zur Reduzierung
irregulärer Migration
»Wir wollen neue praxistaugliche und partnerschaftliche Vereinbarungen mit wesentlichen Herkunftsländern unter Beachtung menschenrechtlicher Standards schließen. Diese Vereinbarungen sollen ein Gesamtkonzept umfassen wie z. B. den Ausbau von wirtschaftlicher Zusammenarbeit, Technologie-Transfer, Visa-Er-

leichterungen, Qualifizierungsmaßnahmen für den deutschen Arbeitsmarkt, Jobbörsen und die Zusammenarbeit bei der Rückkehr abgelehnter Asylsuchender.«

Auf dem Papier ergibt das eine positive Vision: (1) durch schnelle Asylverfahren, (2) die konsequente Rückführung all jener, die keinen Schutz in der EU brauchten, und (3) Migrationsvereinbarungen soll irreguläre Migration *ohne Gewalt und Verletzung der Menschenrechte* reduziert werden.

Nun ist Papier geduldig. Ein Jahr nach der Präsentation dieses Koalitionsvertrages in Berlin hat sich die Situation an den Außengrenzen der EU nicht verändert. Auch die irreguläre Migration ist nicht gesunken. 2021 kamen insgesamt etwa 120.000 Menschen irregulär nach Spanien, Italien und Griechenland. Bis Mitte September 2022 waren es bereits 102.000. 2021 kamen im Mittelmeer etwa 1.500 Menschen ums Leben. Bis Mitte September 2022 waren es 1.200. Das Leid und das Sterben setzen sich fort. Und auch illegale Zurückweisungen an den Außengrenzen gehen weiter.

Doch was kann eine deutsche Regierung tatsächlich tun? Beginnen wir mit dem Offensichtlichen: »Irreguläre Migration« zu reduzieren ist nichts, was eine deutsche Regierung *allein* umsetzen kann. Es gibt an den deutschen Landgrenzen zu Frankreich, der Schweiz, Österreich, der Tschechischen Republik, Polen und Dänemark seit Jahren keine systematischen Grenzkontrollen mehr, da alle Nachbarn Deutschlands Mitglieder im grenzenlosen Schengen-Raum sind. Versuche, durch Kontrollen an Staatsgrenzen innerhalb dieses Raums das Weiterziehen jener zu unterbinden, die zuvor irregulär in Italien, Griechenland oder Polen angekommen sind, sind in den letzten Jahren überdies überall gescheitert, nicht nur in Deutschland, auch in Frankreich oder Österreich. Denn dazu bräuchte es durchgehend Grenzbefestigungen.

Die »Schließung der Balkanroute« hat in den letzten fünf Jahren nicht verhindern können, dass jene, die sich von Griechenland auf den Weg Richtung Österreich machten, dieses am Ende, oft nach mehrmaligen Versuchen, auch erreichten. Dazu haben die Staaten der Region kein wirkliches Interesse, das Weiterziehen jener, die das eigene Territorium bereits erreicht haben, zu verhindern. So wie andere in Südosteuropa, will auch Österreich an seiner Grenze zu Ungarn keinen bewachten Zaun bauen. Im August 2022 berichteten Medien über einen Erlass des Innenministeriums in Wien: Bei allen, die an der Grenze angetroffen werden, sollten zwar weiterhin Identität und Fingerabdrücke erfasst werden, aber die bis dahin erfolgte Festsetzung für 48 Stunden sollte ab nun entfallen. Stattdessen erhalten die Aufgegriffenen ein Zugticket, um selbstständig weiterzureisen. Die Tageszeitung *Die Presse* bemerkte dazu, dies habe »einen politisch erwünschten Nebeneffekt: Erscheint die Person erst gar nicht bei der zugeteilten Ersteinvernahme in Salzburg oder Bregenz, weil sie sowieso nicht vorhatte, in Österreich zu bleiben – dann ist das eben so ... Österreich macht es Flüchtlingen also leicht, die Alpenrepublik still wieder zu verlassen.«[60] Dies war die Rückkehr zum »Durchwinken« als Strategie in der Heimat von Sebastian Kurz, dem Erfinder der »Schließung der Balkanroute«.

Wenn es darum geht, irreguläre Migration zu reduzieren, geht es also notwendigerweise um die

Außengrenzen des Schengen-Raums: um das Mittelmeer, die Landgrenze der EU zur Türkei, die Grenze der EU zu Belarus und Russland. Auch jedes Versprechen, »illegale Zurückweisungen und das Leid an den Außengrenzen« der EU zu beenden, ist ohne Kooperation mit Griechenland, Polen und anderen Staaten schlicht nicht umsetzbar. Doch wie kann eine Regierung in Deutschland beeinflussen, was an der Landgrenze Griechenlands zur Türkei oder in der Ägäis geschieht? Griechenland setzt auf Pushbacks, so wie Polen. Daran haben in den letzten Jahren weder europäische Institutionen noch europäische Gerichte etwas ändern können. Das bedeutet: Man muss Regierungen in EU-Grenzstaaten von der Plausibilität humaner Grenzkontrolle *überzeugen*. Man muss beweisen, dass dies als Alternative zur derzeit dominierenden Strategie der Gewalt funktionieren könnte.

Etwa in Zypern.

Zügig, konsequent, attraktiv

Was wäre dazu erforderlich? Machen wir einen Realitätstest der Vorschläge des deutschen Koalitionsvertrags. Um zu erkennen, *wie* herausfordernd dies wäre, warum es bis jetzt nicht gesche-

Das bedeutet:
Man muss Regierungen
in EU-Grenzstaaten
von der Plausibilität
humaner
Grenzkontrolle
überzeugen.
Man muss beweisen,
dass dies als
Alternative zur
derzeit dominierenden
Strategie der Gewalt
funktionieren könnte.

hen ist und trotzdem möglich wäre, muss man die praktischen Schritte anhand eines konkreten Beispiels durchdenken.

Seit 2018 bilden Bürgerinnen und Bürger aus der DR Kongo die am schnellsten wachsende Gruppe von Asylsuchenden. 2018 stellten diese nur 80 Asylanträge in Zypern.[61] In der ersten Jahreshälfte 2022 waren es 2.065.[62] Eine Strategie humaner Kontrolle müsste diese Zahl reduzieren.

»Zügige Asylverfahren«

2022 kamen in einem Monat durchschnittlich 350 Menschen aus der DR Kongo an und stellten einen Asylantrag. In einem Monat trifft die Asylbehörde Zyperns derzeit etwa tausend Entscheidungen. Sie müsste sich also stark auf diese neuen Anträge ab einem Stichtag konzentrieren, wollte sie auch nur für zwei Monate *alle* Anträge aus der DR Kongo binnen weniger Wochen schnell entscheiden. Das Gleiche trifft auf Gerichte zu, die Berufungsverfahren behandeln.

»Konsequente Abschiebungen Ausreisepflichtiger«

Die Anerkennungsrate bei Menschen aus der DR Kongo und Nigeria lag in Zypern bisher bei weniger als drei Prozent. Die allermeisten, die mit einem Studentenvisum über den Norden auf die Insel kommen, erhalten kein Asyl.

Nehmen wir nun an, es würde den Behörden gelingen, nach einem Stichtag binnen zwei Monaten 700 neu gestellte Asylanträge von Menschen aus der DR Kongo schnell zu entscheiden. Nehmen wir weiters an, von diesen wären wie bisher nur etwa 20 positiv und 680 negativ. Dies wäre eine Kraftanstrengung. Doch wäre Zypern in der Lage, nach einer endgültigen Ablehnung der Asylanträge binnen kurzer Zeit mehr als 680 Menschen in die DR Kongo abzuschieben?

Im gesamten Jahr 2021 gab es aus Zypern 40 Rückkehrende in die DR Kongo. In den drei Jahren 2019–2021 gab es aus der gesamten Europäischen Union nur 375 Rückkehrende in die DR Kongo. In den gleichen drei Jahren erfolgten aus Deutschland insgesamt 31 Abschiebungen in die DR Kongo.[63] Nun müssten es in zwei Monaten allein aus Zypern 680 sein.

Dies ist ohne eine qualitativ neue Kooperation mit der DR Kongo, ohne Angebote an die Regierung und an die kongolesische Gesellschaft, unvorstellbar. Es ginge nur über eine historische Partnerschaft, die vor allem auch im Interesse der Regierung in Kinshasa sein müsste. Damit sind wir beim Kern der Strategie des Koalitionsvertrags von 2021: dem Angebot an Herkunftsländer.

»Diese Vereinbarungen sollen ein Gesamtkonzept umfassen wie z. B. den Ausbau von wirtschaftlicher Zusammenarbeit, Technologie-Transfer, Visa-Erleichterungen, Qualifizierungsmaßnahmen für den deutschen Arbeitsmarkt, Jobbörsen und die Zusammenarbeit bei der Rückkehr abgelehnter Asylsuchender.«

Kann man das, was die deutsche Regierung in ihrem Koalitionsvertrag versprach, in ein konkretes Angebot an die Regierung in Kinshasa übersetzen, welches ein Migrationsbeauftragter der deutschen Bundesregierung dieser anbieten könnte?

Könnte Deutschland ein Konzept entwickeln, *wie* konkret in den nächsten drei Jahren für einige Tausend Menschen aus der DR Kongo

Qualifizierungsmaßnahmen für den deutschen Arbeitsmarkt durchgeführt werden?

Könnten Deutschland und eine Koalition von anderen Staaten versprechen, sich in der EU dafür einzusetzen, die Visagebühren für Bürgerinnen und Bürger der DR Kongo grundsätzlich von 80 auf 40 Euro zu senken?

Könnte Deutschland, gemeinsam mit anderen europäischen Partnern, der DR Kongo für die nächsten drei Jahre jedes Jahr eine Verdoppelung von Stipendien an europäischen Universitäten zusagen? 2021 gab es 90 Stipendien des Deutschen Akademischen Austauschdienstes für Studierende aus der DR Kongo in Deutschland.

Nehmen wir an, es bildet sich eine interministerielle Gruppe in Berlin auf Staatssekretärsebene: Kanzleramt, Innenministerium, Außenministerium, Arbeits- und Sozialministerium, Wirtschaftsministerium und Entwicklungsministerium, der ein permanenter Stab zuarbeitet, um maßgeschneiderte Angebote dieser Art für Herkunftsländer zu entwickeln. Angebote, die es in dieser Form noch nie gab. Diese Gruppe – und eine Migrationsbeauftragte – könnten dann mit anderen europäischen Ländern sprechen, die

Das Ziel wäre es, mit einer möglichst kleinen Zahl von Abschiebungen irreguläre Migration über das Meer oder nach Zypern möglichst zu stoppen.

Und dafür reguläre Mobilität und Migration auszubauen.

sich einer solchen Koalition anschließen wollten.

Das Angebot: legale Mobilität, eine Intensivierung der Kontakte, auf mehrere Jahre angelegt. Und im Gegenzug verpflichtet sich die DR Kongo, ab einem Stichtag sofort jeden und jede ihrer Bürger und Bürgerinnen aus Zypern, Deutschland und anderen Ländern dieser europäischen Koalition zurückzunehmen, die dann, nach diesem Tag, ausreisepflichtig werden. Das Ziel wäre es, mit einer möglichst kleinen Zahl von Abschiebungen irreguläre Migration über das Meer oder nach Zypern möglichst zu stoppen. Und dafür reguläre Mobilität und Migration auszubauen.

Es wäre eine klare Botschaft an die Regierung in Kinshasa: Deutschland, Europa meinen es ernst damit, *irreguläre Migration aus diesen Ländern durch reguläre zu ersetzen.* Es geht darum, durch schnelle Rückführungen ab einem Stichtag, irregulär Einreisende zu entmutigen, denn niemand würde die erforderlichen Kosten auf sich nehmen, wenn klar wäre, dass umgehend eine Abschiebung erfolgen würde. Es würden gleichzeitig und dauerhaft legale Wege zur Einreise geöffnet. Abkommen müssten politisch so attraktiv sein, dass andere Länder Afrikas daran interessiert wären, ähnliche Übereinkünfte zu verhandeln. Es müssten Angebote sein, die andere afrikanische Länder, selbst jene, aus denen derzeit nur wenige Menschen irregulär in die EU kommen, anstreben sollten.

Mobilitätswende

All dies könnte Tausende Menschenleben retten, wenn sich so weniger Menschen über das Mittelmeer auf den Weg machen. Es würde binnen weniger Jahre zu einer grundlegenden Neuausrichtung der Politik interessierter Länder Europas gegenüber Mobilität aus Afrika führen. Es würden dauerhaft mehr Menschen aus Afrika legal in Europa studieren oder arbeiten, leichter Visa erhalten, von Austausch profitieren. Und je mehr Länder sich Deutschland anschließen würden, desto attraktiver würden diese Angebote sein.

Es gibt viele gute Gründe für Deutschland wie für andere europäische Staaten, bessere Beziehungen zu wichtigen afrikanischen Ländern aufzubauen. Solche Beziehungen werden durch persönliche Kontakte verstärkt. Es gibt viele gute Gründe, warum dies im Interesse afrikanischer Staaten wäre.

Das Ziel wäre eine historische Wende in der Migrations- und Mobilitätsgeschichte zwischen der EU und afrikanischen Staaten.

Und es geht nicht nur um Afrika. In den ersten fünf Monaten 2022 waren Staatsangehörige von Bangladesch die größte Gruppe unter jenen, die irregulär über das Meer nach Italien kamen – insgesamt 3.629.[64] Das waren mehr als alle Syrerinnen und Afghanen, die in dieser Zeit irregulär in die EU kamen.[65]

Fast 4.000 der Bürgerinnen und Bürger Bangladeschs beantragten zwischen 2018 und Mitte 2022 Asyl in Zypern.[66] Im Jahr 2021 erhielten 1.930 von ihnen eine negative Asylentscheidung. 80 kehrten durch Abschiebung oder freiwillige Rückkehr in ihre Heimat zurück.[67]

Im Februar 2022 vereinbarte die griechische Regierung mit Bangladesch, jedes Jahr 4.000 Saisonarbeitern aus Bangladesch ein Arbeitsvisum zu erteilen. Diese erhalten eine auf fünf Jahre befristete Arbeitserlaubnis für den Agrarsektor, wo sie jedes Jahr neun Monate lang arbeiten können.[68] Auch Deutschland plant Ähnliches. Die Tatsache, dass sehr viele europäische Staaten einen Arbeitskräftemangel haben, macht solche Einigungen noch wahrscheinlicher als vor wenigen Jahren. Hier gilt es im Sinne des deutschen Koalitionsvertrags ressortübergreifend zu denken, um gleichzeitig irreguläre Migration zu reduzieren und reguläre Migration zu ermöglichen.

Es geht darum, Angebote zu entwickeln, die es in dieser Form noch nicht gibt – mit legaler Mobilität als Kern. Diskussionen über Migrationsabkommen, die tatsächlich etwas bewirken könnten, wären dann erstmals mehr als unrealistische Träumerei.

Damit aber sind wir beim entscheidenden Punkt. Solange sich nationale und europäische Institutionen *nicht* damit beschäftigen, wie »faire, zügige und rechtssichere« Verfahren ab Stichtagen in Zypern, Malta, auf den Kanarischen Inseln oder anderswo an den Außengrenzen der EU ablaufen könnten, in erster und in zweiter Instanz; solange es keine seriöse Antwort auf die Frage gibt, wie in einer solchen Situation für eine Zeit von einigen Wochen nicht Dutzende, sondern Hunderte abgelehnte Asylsuchende fair und human abgeschoben oder von einer freiwilligen Rückkehr überzeugt werden könnten; und solange Staaten nicht bereit sind, Partnerländern ernsthafte Angebote für legale Mobilität und Kooperation zu machen, die politisch attraktiv sind und als Wertschätzung und Respekt und nicht als Abwehr wahrgenommen werden, und das nicht nur von Eliten, sondern auch von Öffentlichkeiten ... solange ist Reden über schnelle Verfahren und Abschiebungsoffensiven, über Asylsysteme, die zwischen Schutzbedürftigen und Nichtschutzbedürftigen unterscheiden, und über humane Kontrolle, Schall und Rauch.

Reiter und Elefanten

Wenn Europäerinnen und Europäer zu humanen Grenzen zurückkehren sollen, wenn das Asyl- und Flüchtlingsrecht erhalten werden soll, dann müssen alle, die den Status quo ablehnen, beginnen, zu handeln und zu verhandeln und im Interesse der EU, Zyperns, Deutschlands, des Flüchtlingsschutzes sowie der Beziehungen zwischen Europa und Afrika ernsthaft vorankommen. Es geht darum, Zypern dabei zu helfen, seine Asylkrise ohne Mauern, Menschenrechtsverletzungen und Pushbacks unter Kontrolle zu bekommen. Als Vorbild für Ceuta und Melilla, für die Kanarischen Inseln und Malta, für Lampedusa und andere Außengrenzen der EU.

Dabei liegt die Initiative nicht in Brüssel, sondern in den Mitgliedsstaaten der EU. Es liegt in der nationalen Kompetenz der einzelnen Staaten, zu entscheiden, wer in Deutschland, Österreich, Irland oder Polen legal arbeiten, studieren und sich dafür im Land legal niederlassen darf. Das Gleiche gilt für die organisierte Neuansiedlung von anerkannten Flüchtlingen, sogenanntes Resettlement. Ende 2022 etwa will Deutschland ein humanitäres Aufnahmeprogramm für Menschen aus Afghanistan auf den Weg bringen. Dabei handelt es sich um reguläre Migration für Schutzbedürftige. Zwar kann die EU gemeinsam unverbindliche Ziele für Resettlement festlegen, doch die Entscheidung in jedem einzelnen Fall einer Aufnahme liegt in den Händen jedes EU-Mitgliedsstaates.

Mitgliedsstaaten sind die entscheidenden Akteure, wenn es um europäische Migrations- und Asylpolitik geht. Alle für das Migrationsmanagement wichtigen Entscheidungen treffen Regierungen

Grenzkontrollen,
Abschiebungen,
legale Aufnahme:

In jedem
dieser Bereiche
sind europäische
Institutionen
machtlose Beobachter.

der Mitgliedsstaaten. Grenzkontrollen, Abschiebungen, legale Aufnahme: In jedem dieser Bereiche sind europäische Institutionen machtlose Beobachter. Das gilt auch für Frontex. Deutschland kann im Rahmen von Frontex-Missionen deutsche Beamte an die Außengrenzen der EU schicken, um dort nationale Grenzschützer zu unterstützen. Wird aber gültiges EU-Recht an den Außengrenzen der EU systematisch gebrochen, müsste sich Frontex aus Grenzkontroll-Unterstützungsmissionen zurückziehen.

Mitgliedsstaaten erscheinen so als Herde eigensinniger Elefanten, während europäische Institutionen wie die Europäische Kommission und das Europäische Parlament versuchen, sich als Reiter auf den Rücken dieser Elefanten zu halten. In einer Migrationskrise verhalten sich die großen Tiere so, wie sie wollen. Den europäischen Reitern bleibt dann die Wahl, sich zwischen der Rechtfertigung des Verhaltens der Elefanten oder machtlosen Klagen darüber zu entscheiden.

Die Erfahrung der letzten Jahre ist ernüchternd: Es scheint politisch und logistisch oft am einfachsten, an Grenzen auf Zäune und Gewalt zu setzen und die Menschenrechte zu opfern. Das haben die letzten Jahre nicht nur in Europa gezeigt, sondern weltweit. Dagegen helfen weder Floskeln noch Wunschdenken. Geschieht nichts, wird Zypern der nächste Dominostein des europäischen Asylrechts, der fällt. Es könnte aber auch der Ort sein, an dem es einer Koalition gelingt, zu beweisen, dass es Alternativen zu Pushbacks und Gewalt gibt, ohne die Kontrolle zu verlieren.

4

Eine realistische Utopie

Im Januar 2021 veröffentlicht der spanische Regisseur Salvatore Calvo einen Aufsatz mit dem Titel »Was die Zahlen verbergen«. Calvo schrieb:

»Es gibt 280 Millionen Migranten auf der Welt. Davon sind 79,5 Millionen Menschen gewaltsam vertrieben worden [*Stand Ende 2019*] … Es sind erschreckende Zahlen, aber eben auch Zahlen, die betäuben. Wie ein Beruhigungsmittel verbergen sie den Schmerz, das Leiden derjenigen, die nur nach einem besseren Leben streben, oder in den meisten Fällen einfach nur leben wollen, ohne das Adjektiv besser.«[69]

Hinter diesen Zahlen, so Calvo, stehen Millionen Tragödien, doch diese ließen sich nur durch konkrete Geschichten erfassen. Calvo erinnerte an das Foto des jungen Syrers Alan Kurdi, der im September 2015 an der Ägäisküste bei Bodrum gefunden wurde; und an den Salvadorianer Oscar und seine Tochter Valeria, ertrunken im Río Bravo, an der Grenze Mexikos zu den USA. Deren Bild ging im Juni 2016 um die Welt. Calvo schrieb dazu: Beim Anblick des »kleinen sechzehn Monate alten Mädchens, das sich noch im Tod an den Hals seines Vaters schmiegte, dreht sich uns der

Magen um und wir schämen uns.« Daher, so Calvo, hatte er »beschlossen, die Geschichte von Adú und Massar zu erzählen.«

2020 kam es zur Premiere von Calvos Film über irreguläre Migration: *Adú*. Es ist die Geschichte eines kleinen Jungen aus Kamerun, der sich auf den Weg nach Europa macht und dabei auf Massar trifft, einen Teenager aus Somalia. Von Anfang an hängt eine dunkle Wolke über den Protagonisten des Films, die Ahnung eines tragischen Schicksals. Am Beginn stirbt Tatu, ein Flüchtling aus dem Kongo, beim Versuch, in die spanische Exklave Melilla zu gelangen. Er wird vom spanischen Polizisten Javi vom Grenzzaun hinuntergestoßen. Javi wird vor Gericht gestellt und später freigesprochen. Im französischsprachigen Kamerun wird Adús Mutter in ihrem Dorf von Kriminellen angegriffen und ermordet. Daraufhin fliehen der sechsjährige Adú und seine Schwester Alika in die Hauptstadt Kameruns zu Verwandten. Diese beschließen, Adú und Alika mit der Hilfe von Menschenschmugglern zu ihrem in Spanien lebenden Vater bringen zu lassen. Menschenschmuggler bringen die Geschwister zu einem Flughafen, um in den Laderaum eines Flugzeugs zu steigen, doch anstatt wie versprochen nach Paris fliegt ihr Flugzeug nach Dakar. Im eiskalten Laderaum erfriert Alika während des Fluges neben ihrem Bruder. Beim Ausfahren des Fuhrwerks vor der Landung fällt ihr Leichnam durch eine Öffnung aus dem Flugzeug in die Tiefe.

Adú überlebt den Flug und ist nun, im Senegal, auf sich alleingestellt. Hier trifft er Massar, einen Teenager aus Somalia. Die beiden reisen weiter Richtung Europa. Schließlich erreichen sie die spanische Exklave Melilla, eine multiethnische Stadt mit einer Bevölkerungszahl von 80.000 im Norden von Marokko am Mittelmeer, die einer Festung gleicht. Adú und Massar beschließen, angesichts der mit Stacheldraht geschützten hohen Zäune, mit Gummireifen über das Meer in die Stadt zu gelangen. Auf dem Meer verlieren sich die beiden in den hohen Wellen aus den Augen. Sie scheinen dem Tod geweiht, bevor sie ein Boot der spanischen Polizei rettet. Massar, der bereits davor Symptome einer Krankheit zeigte, wird kurz darauf ohne Verfahren von den spanischen Grenzschützern abgeschoben und auf die andere Seite des Zauns nach Marokko zurückgebracht. Dort stirbt er kurz darauf an seiner Krankheit.

Adú kommt in ein Aufnahmezentrum in Melilla. Er ist nun in der Europäischen Union: allein, ohne Mutter, Schwester und Freund.

Salvatore Calvos Film hat ein politisches Anliegen. Er will unsere Sicht auf die Welt verändern:

»Eltern und Lehrer haben mir geschrieben, dass sie ihre Kinder und Schüler angehalten haben, *Adú* zu sehen. Das ist wunderbar. Es ist nicht dasselbe, von den Tausenden von Booten zu hören, die jeden Tag an den Küsten der Kanarischen Inseln ankommen, oder diesen Menschen ein Gesicht zu geben. Es sind Menschen wie du und ich, die das Recht haben, zumindest ein menschenwürdiges Leben anzustreben.«[70]

Calvo will sein Publikum zum Nachdenken bringen. Doch kann ein Film, kann die ausgelöste Betroffenheit, dazu beitragen das Sterben an Europas Außengrenzen zu reduzieren?

Nehmen wir an, Sie haben einen Film wie *Adú* gesehen. Sie sind motiviert, wollen mehr über die Krise an Spaniens Grenze herauszufinden, mehr über die wahren Schicksale, die Calvo motivierten, auch mehr über die Politik Spaniens in den letzten Jahren. Sie suchen eine Antwort auf die Frage, was Sie, als Bürgerin oder Bürger der EU, nun konkret tun oder auch nur fordern können. Sie erfahren, dass IOM, die Internationale Organisation für Migration der Vereinten Nationen, regelmäßig Zahlen von Toten und Vermissten an den Außengrenzen der EU veröffentlicht, ebenso wie UNCHR Zahlen über jene publiziert, die es jeden Monat irregulär über das Mittelmeer in die EU schaffen. Sie werfen einen Blick auf die Zahlen.

Dabei erfahren Sie: Die Gesamtzahl von Menschen, denen es in den letzten Jahren gelang, irregulär über die Zäune in die beiden spanischen Exklaven Ceuta und Melilla zu gelangen, lag in den Jahren 2018 bis 2021 bei durchschnittlich unter 1.000 im Jahr. In den ersten neun Monaten des Jahres 2022 kamen insgesamt nur 24.000 Menschen irregulär nach Spanien. Und seit Jahren sind die meisten davon aus Ländern, deren Staatsangehörige in der EU kaum Asyl erhalten, wie Marokko oder den Staaten Westafrikas.

Trotzdem gab es den bislang tödlichsten Tag in der Geschichte dieser Grenzanlagen im Sommer 2022. Es war ein Freitag, der 24. Juni, als um sechs

Uhr Morgen etwa 2.000 junge Afrikaner zur Absperrung von Melilla kamen, wo sie auf marokkanische Sicherheitskräfte stießen. Nach mehreren Stunden der Gewalt gelang es einer Gruppe von 500 Afrikanern, zum Grenzkontrollpunkt vorzudringen, wo 133 den Zaun überwinden konnten. Die düstere Bilanz eines Morgens: fast drei Dutzend Tote, die allermeisten von ihnen Migranten, dazu zwei tote marokkanische Sicherheitskräfte. Viele weitere wurden verletzt.[71] Am 24. Juni 2022 erklärte Spaniens Premierminister Pedro Sánchez auf einer Pressekonferenz in Brüssel, dass die Angelegenheit von beiden Polizeikräften gut gelöst worden sei:

»Es war ein gewalttätiger Angriff, gut organisiert, gut durchgeführt, und in diesem Fall denke ich, dass er von den beiden Sicherheitskräften in Spanien und Marokko gut gelöst wurde, daher möchte ich auch der marokkanischen Regierung für ihre Arbeit danken.«[72]

Am 27. Juni 2022 sprach Sánchez in einem Interview erneut über den Zwischenfall:

»Wir bedauern den Verlust von Menschenleben, in diesem Fall von verzweifelten Menschen, die auf der Suche nach einem besseren Leben waren und die Opfer und Werkzeuge von Mafias und Kriminellen sind, die gewalttätige Aktionen gegen unsere Grenze organisieren.«[73]

Diese Tragödie, mehr als zwei Jahre nach der Premiere von Calvos Film, wirft eine grundsätzliche Frage auf: Wie genau kann es gelingen, durch das Erzählen von Geschichten eine Veränderung der Situation herbeizuführen? Wie den Teufelskreis aus Gewalt durchbrechen und das Sterben an Grenzen beenden? Als Journalisten Calvo danach fragten, hielt er sich bedeckt: »Ich gebe nicht vor, eine Lösung für das Problem zu haben, ich bin kein Anthropologe oder Soziologe. Ich möchte, dass die Leute sich Fragen stellen, wenn sie den Film sehen.«[74]

Literatur, Filme, Geschichten können aufrütteln. Kunst macht auf Missstände aufmerksam. Doch es genügt nicht, Fragen zu stellen, um konkrete Probleme zu lösen. Man muss auch versuchen, Antworten zu geben. Und das, worauf Calvo wie so viele vielleicht hoffte, aber was er dann doch nicht auszusprechen wagte, wird es in Europa wie weltweit in absehbarer Zeit nicht geben: offene Grenzen für alle.

Wir haben in diesem Buch beschrieben, wie Gewalt an den Außengrenzen der EU die Zahl irregulärer Migration, von Polen bis Griechenland, in den letzten beiden Jahren drastisch reduziert hat. Wir haben gesehen, wie aufgrund der Tatsache, dass es in Zypern keinen Zaun gibt und keine Pushbacks durchgeführt werden, ein kleines Land zur führenden europäischen Asylnation wurde, mit den pro Kopf höchsten Antragszahlen. Nun sehen wir, dass es sich in Spanien ähnlich verhält: Nur wenige schaffen es aus Afrika über Spanien irregulär in die EU, und von diesen werden die meisten später nicht als Flüchtlinge anerkannt. Gleichzeitig sterben jedes Jahr viele bei dem Versuch.

Wir sind im Kapitel zu Österreich bereits auf die Zahl von 1,4 Millionen zusätzlichen Flüchtlingen gestoßen. Es ist wichtig, sie hier noch einmal zu betrachten. Laut UNHCR gab es am Ende des Jahres 2017 in der ganzen Welt 19,9 Millionen Flüchtlinge, Ende 2021 waren es 21,4 Millionen.

Dieses Wachstum der Zahl der Flüchtlinge weltweit um 1,4 Millionen in vier Jahren mag viele erstaunen, denn 1,4 Millionen sind weniger als die Zahl der Menschen, die aus der Ukraine nur in den ersten beiden Wochen nach dem russischen Überfall in die EU flohen. Polen allein hat 2022 in wenigen Monaten mehr als 1,4 Millionen Ukrainerinnen Schutz geboten. Durch diese Aufnahmen wurde Europa – von Irland bis Polen, von Deutschland bis zur Türkei – 2022 endgültig zu dem Kontinent, auf dem im letzten Jahrzehnt die meisten Flüchtlinge Schutz fanden.

Bemerkenswert ist auch, in welchen Ländern weltweit die Zahl der aufgenommenen Flüchtlinge laut UNHCR 2021 am meisten gewachsen ist:

In der Türkei um 100.000.
In Uganda um 100.000.
Im Tschad um 60.000.
Im Sudan um 60.000.
In Pakistan um 50.000.
In Bangladesch um 50.000.
In Deutschland um 45.000.

Tatsächlich schätzt UNHCR, dass in den vier Jahren 2017–2021 in jedem Jahr im Durchschnitt 350.000 Kinder als Flüchtlinge geboren werden. Das zeigt sich in den hohen Wachstumszahlen in der Türkei, wo seit 2017 nur noch wenige erfolgreich die Grenze aus Syrien überschreiten können.

Damit werden zwei Dinge klar. Erstens: Nicht nur in Europa, sondern weltweit gelingt es seit Jahren nur noch sehr wenigen Flüchtlingen, Schutz in anderen Ländern zu finden. Und zweitens: Die allermeisten Flüchtlinge, die es schaffen, schaffen es, weil Aufnahmeländer ihre Grenzen offenhalten. Sie kommen regulär, nicht irregulär, wie im Fall der Millionen Ukrainerinnen seit dem 24. Februar 2022 in die EU, der Syrer in die Türkei oder in den Libanon 2011–2016, der Bürgerinnen und Bürger Venezuelas in Kolumbien (die in den UNHCR-Statistiken als Sonderkategorie geführt werden).

Die Wahrnehmung und die Debatten über Flucht in der Welt sind aber vollkommen andere. Und diese Wahrnehmungen finden wir sowohl in Calvos Film wie in der offiziellen Kommunikation des UNHCR. So bewirbt der Trailer von Calvos

Film mit der Aussage: »Wo es einen Traum gibt, gibt es auch einen Weg.«[75]

In einem Interview erklärte Calvo dazu:

»Unabhängig von den Zahlen gibt es eine Realität: Der Zaun von Melilla, wie hoch er auch sein mag, wird niemanden aufhalten, denn wenn es ein so dringendes und wichtiges Bedürfnis gibt, wird nichts und niemand sie davon abhalten, ihr Ziel zu erreichen, nämlich in die erste Welt zu gelangen.«[76]

Doch tatsächlich zeigt seine Geschichte eine tragischere und der Realität viel näherkommende Wirklichkeit: Nur Adú schafft es in die EU, aber seine Schwester und sein somalischer Freund kommen beim Versuch ums Leben. Irreguläre Migration ist oft tödlich und nur selten erfolgreich.

Das trifft weltweit zu. So haben es in den letzten Jahren nur mehr sehr wenige Syrerinnen und Syrer geschafft, in Nachbarländer Syriens zu fliehen, obwohl es weiterhin Millionen Binnenvertriebene in Syrien gibt. Es gelang auch nur wenigen Afghanen, nach der Rückkehr der Taliban an die Macht in Kabul im August 2021 irregulär in andere Länder zu fliehen. 2021 erreichten weniger als 1.000 Afghanen aus der Türkei irregulär Griechenland. Der türkische Zaun an der Grenze zum Iran wurde seitdem ebenso immer unüberwindlicher.

In ganz Asien wurden in den letzten Jahren kaum noch irgendwo Flüchtlinge aufgenommen, mit einer Ausnahme, den Rohingya, die 2018 aus Myanmar nach Bangladesch flohen. Tatsächlich ist Asien, wo fast die Hälfte der Menschheit lebt, seit Jahrzehnten eine Asylwüste. Weltweit gilt daher: Selbst wo es einen Traum – oder die dringende Notwendigkeit – gibt zu fliehen, gibt es kaum noch einen Weg.

Vor dem Abspann von Calvos Films heißt es: »2018 verließen mehr als 70 Millionen Menschen ihre Heimat, auf der Suche nach einer besseren Welt.«

Auch das ist falsch. Es ist ein Irrtum, auf den ich bei Gesprächen und Vorträgen, in Reden von Politikerinnen und Medienartikeln allerdings oft stoße, und der direkt auf die Kommunikation des UNHCR zurückgeht. Die meisten Menschen, die 2018 »ihre Heimat verließen«, verließen nicht ihre

Heimatländer. Die »mehr als 70 Millionen« (2018) verließen ihre Heimat auch nicht 2018.

Laut UNHCR gab es Ende 2018 in der Welt 25,9 Millionen Flüchtlinge, 41,3 Millionen Binnenvertriebene und 3,5 Millionen Asylsuchende. Dies addierte sich zu den 70,8 Millionen, die Calvos übernahm. Doch:

— Die wenigsten dieser 70,8 Millionen hatten je eine internationale Grenze überschritten.
— Noch weniger haben dies im Jahr 2018 getan.
— Die Zahl der 25,9 Millionen Flüchtlinge enthielt die 5,5 Millionen Nachfahren jener 800.000 Palästinenser, die 1948 aus dem Gebiet des heutigen Israels geflohen sind und seitdem anderswo leben. Für diese ist seit Jahrzehnten eine eigene Internationale Organisation zuständig (UNRWA). Ihre Zahl wächst durch Geburten jedes Jahr weiter, nicht durch Flucht: von weniger als einer Million 1948 auf fast sechs Millionen heute.
— Zieht man die Palästinenser ab, blieben Ende 2018 genau 20,4 Millionen Flüchtlinge »unter dem Mandat des UNHCR«.
— Ende 2017 gab es in der Welt laut UNHCR 20 Millionen solche Flüchtlinge. Daraus folgt:

Im Laufe des Jahres 2018 ist laut UNHCR die Zahl der Flüchtlinge in der Welt um 400.000 gestiegen.

— Davon wurden wiederum viele als Flüchtlingskinder geboren. UNHCR schätzte, dass jedes Jahr etwa 350.000 Flüchtlingskinder geboren wurden – in der Türkei, in Uganda oder in Deutschland. Diese überschreiten dabei aber keine Grenze.

Das bedeutet: Im Jahr 2018 ist die Zahl aller Menschen, die weltweit irregulär oder regulär eine Grenze überschritten haben, um als Flüchtlinge anerkannt zu werden, *kaum gewachsen*. Es gab keine Massenflucht, weder nach Europa noch in irgendeiner anderen Region der Welt. Allerdings wurden 2018 mehr Menschen aus ihrer Heimat vertrieben, auch wenn sie dann ihr eigenes Land nicht verlassen haben. Die renommierte Nichtregierungsorganisation IDMC (Internal Displacement Monitoring Centre) in Genf, auf deren Zahlen sich auch UNHCR stützt, schrieb über Binnenvertreibung im Jahr 2018: »Ungelöste Konflikte und ein Anstieg der kommunalen Gewalt waren für den Großteil der 10,8 Millionen neuen Vertreibungen im Zusammenhang mit Konflikten und Gewalt im Jahr 2018 verantwortlich.« Hier handelt es sich tatsächlich um Millionen. In dieser Zahl waren 1,8 Millionen Binnenvertriebene in der Demokratischen Republik Kongo und 459.000 Binnenvertriebene in Kamerun enthalten. Im Vergleich dazu fällt die Gesamtzahl *aller* irregulär Ankommenden aus der Demokratischen Republik Kongo und aus Kamerun, die in den fünf Jahren von 2014 bis 2018 irregulär nach Spanien kamen, kaum ins Gewicht: Es waren etwa 370 (aus DR Kongo) und 4.200 (aus Kamerun).

Zäune mit Stacheldraht, an denen bewaffnete Männer mit Gewalt Menschen zurückstoßen, sind weltweit kaum zu überwinden. Es gibt aus diesem Grund auch kaum noch Flüchtlinge, denen es gelingt, irregulär Schutz zu finden. Dennoch arbeiten Populisten weltweit an der Verbreitung des Mythos vom großen Bevölkerungsaustausch durch unkontrollierte Massenmigration. Sie rechtfertigen damit weitere Gewalt. Sie versuchen, Menschen Angst zu machen.

Daher sollten UNHCR und andere Organisationen beginnen, anders zu kommunizieren, wollen sie vermeiden, dass Fehlurteile in der Öffentlich-

Der Zustand an den Zäunen rund um Melilla und Ceuta ist so beschämend wie der an anderen Außengrenzen der EU. Doch für Lösungen braucht es eine andere Kommunikation über Menschen auf der Flucht.

keit zu gefährlicher Panik führen. Derzeit tun sie noch oft das Gegenteil. So schrieb Filippo Grandi, Leiter des Flüchtlingshilfswerks UNHCR, am 18. Juni 2021 in einem Tweet aus der kolumbianischen Hauptstadt Bogotá:
»In 2020 (einem Jahr des Lockdowns!) wurden 82,4 Millionen Menschen zur Flucht gezwungen – 3 Millionen mehr als 2019.«[77]

Solche Botschaften, aufbauend auf falschen und irreführenden Zahlen, verstärken gefährliche Missverständnisse.

Es braucht dringend eine tatsachenbasierte Diskussion über Flucht und Flüchtlinge, über irreguläre Migration und Grenzen, wollen wir die Werte der Flüchtlingskonvention bewahren.

Es ist ein Skandal, dass jedes Jahr Tausende Menschen auf dem Weg über den Atlantik und über das Mittelmeer ihr Leben verlieren. Der Zustand an den Zäunen rund um Melilla und Ceuta ist so beschämend wie der an anderen Außengrenzen der EU. Doch für Lösungen braucht es eine andere Kommunikation über Menschen auf der Flucht. Keine gefährliche, irreführende Panik über Massenbewegungen, die es nicht gibt. Sondern Zahlen und Fakten als solide Grundlage einer alternativen Politik humaner Kontrolle.

Es braucht dringend die Umsetzung von Vorschlägen für humane Kontrolle irregulärer Migration – wie ich sie 2020 in einem Buch über die historische Entwicklung des Flüchtlingsschutzes skizziert habe.[78] Und wie wir sie auch im deutschen Koalitionsvertrag von 2021 finden. Es geht um den Ausbau legaler Mobilität, um legale Wege für Flüchtlinge, um Realismus bei Abschiebungen und um die Notwendigkeit, irreguläre Migration so zu reduzieren.

Dazu müssen wir in Europa eine andere Diskussion führen. Erkennen, wie dramatisch sich die Krise der Rechtsstaatlichkeit an Europas Außengrenzen in den letzten beiden Jahren weiter verschärft hat. Zugeben, dass die derzeitige »gemeinsame europäische Asylpolitik« in der europaweiten Unterstützung von illegalen Maßnahmen wie Pushbacks besteht. Anerkennen, dass trotzdem kein Kontinent in den letzten Jahren so viele Flüchtlinge aufgenommen und so oft Asyl gewährt hat wie Europa, wobei manche europäischen Demokratien, darunter auch Deutschland, Österreich und die Schweiz, besonders viel geleistet haben. Entscheidend ist dafür, dass Regierungen Vorschläge für humane Kontrolle nicht nur zu diskutieren, sondern auch umzusetzen beginnen. Und realistische umsetzbare Ziele setzen und dann Wege beschreiben, diese zu erreichen: etwa, dass möglichst viele Demokratien in der Welt jedes Jahr zumindest so viel Schutz gewähren wie Österreich in der Ära Sebastian Kurz. Und dass es dafür sinnvoll, legitim und moralisch wäre, irreguläre Migration auch durch Abkommen mit Herkunfts- und Drittstaaten weiter zu senken. Attraktive Angebote für solche Abkommen zu entwickeln und über diese intensiv zu verhandeln sollte eine Priorität für jede Regierung sein, der an einer Rückkehr zur Rechtsstaatlichkeit an den EU-Außengrenzen gelegen ist.

Wir brauchen dringend eine andere Diskussion über uns, unsere Demokratie sowie unsere Einstellung zu Flucht und Flüchtlingen.

Beginnen wir damit.

ANNEX

Länder mit den meisten positiven Asylentscheidungen weltweit (UNHCR)

	2018	2019	2020	2021	Gesamt	Bevöl-kerung in Mio.	Pro Mio. in 4 Jahren
Griechenland	15.460	17.119	34.917	17.993	85.489	11	8.000
Österreich	18.887	11.221	10.056	15.514	55.678	9	6.200
Zypern	1.214	1.145	1.540	2.105	6.004	1	6.000
Schweiz	14.926	10.069	9.440	8.284	42.719	9	4.900
Deutschland	105.544	89.059	80.152	76.190	350.945	83	4.200
Luxemburg	625	500	650	735	2.510	0.6	3.900
Malta	658	276	215	148	1.297	0.5	2.500
Schweden	11.355	6.540	4.584	2.915	25.394	10	2.400
Frankreich	46.952	35.553	30.528	50.282	163.315	67	2.400
Trinidad/Tobago	543	1.573	801	472	3.389	1	2.400
Spanien	3.173	38.000	46.126	19.527	106.826	47	2.300
Uganda	20.013	46.112	17.212	19.452	102.789	47	2.200
Kanada	16.875	24.663	15.590	25.998	83.126	38	2.200
Island	156	208	234	196	794	0.4	2.100
Burundi	10.697	8.882	3.871	930	24.380	12	2.000

Zypern:
Asylentscheidungen und Rückkehr 2021

Nationalität	Negative Entscheidung	Rückkehr
Vietnam	400	470
Indien	2.115	435
Nepal	470	265
Ägypten	605	105
Kamerun	405	100
Pakistan	1.330	85
Nigeria	500	80
Bangladesch	1.930	80
Sri Lanka	415	75
DR Kongo	235	40
Philippinen	130	40
Iran	190	35
Kongo	25	15
Somalia	30	10
Sierra Leone	50	10
Andere	1.150	420
	9.980	**2.165**

Asylantragstellende in der Republik Zypern (Eurostat)

	2018	2019	2020	2021	2022 (01–06)	Gesamt
Syrien	1.970	2.550	1.735	3.055	1.834	11.144
DR Kongo	80	300	385	1.730	2.065	4.560
Indien	870	1.425	1.110	990	366	4.761
Nigeria	115	385	370	1.555	2.001	4.426
Pakistan	580	1.120	490	995	1.207	4.392
Bangladesch	615	1.215	565	685	840	3.920
Kamerun	500	1.175	630	775	595	3.675

Irreguläre Ankünfte

	Spanien Meer	Spanien Land	Italien Meer	Griechenland Meer	Griechenland Land	Gesamt
2015	5.312	11.624	153.842	856.723	4.907	1.032.408
2016	8.162	6.443	181.436	173.450	3.784	373.275
2017	22.103	6.246	119.369	29.718	6.592	184.028
2018	58.569	6.814	23.370	32.494	44.579	165.826
2019	26.168	6.345	11.471	59.726	14.887	118.597
2020	40.326	1.535	34.154	9.714	5.982	91.711
2021	41.979	1.218	67.477	4.331	4.826	119.831

Endnoten

1 Giorgos Christides u. a., »Wie eine Schattenarmee an Europas Grenzen Flüchtlinge misshandelt«, *Der Spiegel*, 6. Oktober 2021, https://www.spiegel.de/ausland/fluechtlinge-wie-eine-schattenarmee-an-europas-grenzen-menschen-misshandelt-a-131dc319-36e8-4204-8e57-7dc04b1d68f3.

2 Matina Stevis-Gridneff, »E.U. Interpreter Says Greece Expelled Him to Turkey in Migrant Roundup«, *The New York Times*, 1. Dezember 2021, https://www.nytimes.com/2021/12/01/world/europe/greece-migrants-interpreter-expelled.html.

3 Giorgos Christides u. a., »Pushbacks an der EU-Grenze: Wie Griechenlands Polizei Geflüchtete für Verbrechen einspannt«, *Der Spiegel*, 28. Juni 2022, https://www.spiegel.de/ausland/pushbacks-an-der-eu-grenze-wie-griechenlands-polizei-gefluechtete-fuer-verbrechen-einspannt-a-de6c68a8-52da-4f0d-94d4-db6b8319cbc6.

4 »Prügel an der EU-Grenze: Wie Kroatien Migranten abschiebt«, SRF, 2019, https://www.srf.ch/play/tv/rundschau/video/pruegel-an-der-eu-grenze-wie-kroatien-migranten-abschiebt?urn=urn:srf:video:972c5996-ec49-4079-8b94-4c9ec33b8849.

5 »Lokale Behörden am Anschlag – Immer mehr Migranten stranden an der Grenze zu Kroatien – News – SRF«, SRF, 14. Juli 2019, https://www.srf.ch/news/international/lokale-behoerden-am-anschlag-immer-mehr-migranten-stranden-an-der-grenze-zu-kroatien.

6 Christides u. a., »Die Schattenarmee, die Flüchtlinge aus der EU prügelt«, *Der Spiegel*, 6. Oktober 2021, https://www.spiegel.de/ausland/fluechtlinge-wie-eine-schattenarmee-an-europas-grenzen-menschen-misshandelt-a-131dc319-36e8-4204-8e57-7dc04b1d68f3.

7 Giorgos Christides, Steffen Lüdke und Maximilian Popp, »Illegale Pushbacks von Griechenland in die Türkei: Ausgeliefert«, *Der Spiegel*, 8. Februar 2020, https://www.spiegel.de/ausland/pushbacks-am-evros-gefluechtet-nach-griechenland-ausgeliefert-in-die-tuerkei-a-2badeaf8-79f2-47df-b04d-ffc3c7dbb45e.

8 Die Grundrechtsagentur der EU in Wien veröffentlichte regelmäßig Texte zur Rechtslage an den Außengrenzen der

EU, darunter 2020 ein Handbuch in mehreren Sprachen: Europäische Union, Europäischer Gerichtshof für Menschenrechte und Europarat, Hrsg., *Handbuch zu den europarechtlichen Grundlagen im Bereich Asyl, Grenzen und Migration*, Ausgabe 2020, Handbuch/FRA, European Union Agency for Fundamental Rights (Luxemburg: Amt für Veröffentlichungen der Europäischen Union, 2020), https://doi.org/10.2811/192703.

9 Giorgos Christides, Steffen Lüdke und Maximilian Popp, »Europa schießt scharf«, *Der Spiegel*, 8. Mai 2020, https://www.spiegel.de/politik/europa-schiesst-scharf-a-93e6ff5b-0002-0001-0000-000170816322.

10 »President von der Leyen at the Press Conference in Greece«, European Commission, 3. März 2020, https://ec.europa.eu/commission/presscorner/detail/en/statement_20_380.

11 Giorgos Christides und Steffen Lüdke, »Flüchtlinge in Griechenland: Plötzlich vor dem Nichts«, *Der Spiegel*, 6. Juni 2020, https://www.spiegel.de/ausland/fluechtlinge-in-griechenland-ploetzlich-vor-dem-nichts-a-fe512b5b-ce08-4ba4-b3d8-21f55df38316.

12 Giorgos Christides u. a., »Europas brutale Abschottung: ›Der Befehl lautet: Niemand kommt durch‹«, *Der Spiegel*, 28. Oktober 2021, https://www.spiegel.de/ausland/eu-migrationspolitik-der-befehl-lautet-niemand-kommt-durch-a-74c84e20-c017-4d3e-80a1-bc22a4b6680b.

13 Giorgos Christides u. a., »Frontex in illegale Pushbacks von Flüchtlingen verwickelt«, *Der Spiegel*, 23. Oktober 2020, https://www.spiegel.de/ausland/fluechtlinge-frontex-in-griechenland-in-illegale-pushbacks-verwickelt-a-00000000-0002-0001-0000-000173654787.

14 Giorgos Christides und Steffen Lüdke, »Frontex in illegale Pushbacks von Hunderten Flüchtlingen involviert«, *Der Spiegel*, 27. April 2022, https://www.spiegel.de/ausland/frontex-in-illegale-pushbacks-von-hunderten-fluechtlingen-involviert-a-086f0e5a-0172-4007-b59c-7bced325cc75.

15 Giorgos Christides und Steffen Lüdke, »Griechenland setzt offenbar Flüchtlinge auf dem Meer aus«, *Der Spiegel*, 16. Juni 2020, https://www.spiegel.de/ausland/griechenland-setzt-offenbar-fluechtlinge-auf-dem-meer-aus-a-14b5cf26-df90-4838-83c0-f5a2d6bdd7b9.

16 Şebnem Arsu u. a., »EU-Grenzschützer sollen Flüchtlinge ins Meer geworfen haben«, *Der Spiegel*, 17. Februar 2022, https://www.spiegel.de/ausland/griechenland-eu-grenzschu-

etzer-sollen-fluechtlinge-ins-meer-geworfen-haben-a-26747b1b-58f6-4f48-a3fe-50284ddca62d.

17 »Γιάννης Πλακιωτάκης: Η Ελλάδα σώζει ζωές που άλλοι θέτουν σε κίνδυνο στο Αιγαίο (Yiannis Plakiotakis: Griechenland rettet Leben, die andere in der Ägäis gefährden)«, YNANP, 24. Dezember 2021, https://www.ynanp.gr/el/gr-epikoinwnias-enhmerwshs/giannhs-plakiwtakhs-h-ellada-swzei-zwes-poy-alloi-8etoyn-se-kindyno-sto-aigaio/.

18 Christides u. a., »Wie eine Schattenarmee an Europas Grenzen Flüchtlinge misshandelt«.

19 Giorgos Christides, Steffen Lüdke und Maximilian Popp, »Frontex-Skandal: Antibetrugsbehörde ermittelt gegen EU-Grenzschutzagentur«, *Der Spiegel*, 11. Januar 2021, https://www.spiegel.de/ausland/frontex-skandal-anti-betrugsbehoerde-ermittelt-gegen-eu-grenzschutzagentur-a-36d882d3-3b14-46bc-aa4b-d1129bcdc065.

20 Christides und Lüdke, »Frontex in illegale Pushbacks von Hunderten Flüchtlingen involviert«.

21 Giorgos Christides u. a., »Pushback-Skandal: EU-Antibetrugsbehörde erhebt schwere Vorwürfe gegen Frontex«, *Der Spiegel*, 1. März 2022, https://www.spiegel.de/ausland/eu-antibetrugsbehoerde-erhebt-schwere-vorwuerfe-gegen-frontex-a-1d445ef2-cbcc-4227-90b4-697481aeb2c7.

22 Giorgos Christides und Steffen Lüdke, »Vertuscht, verschleiert, belogen: Der Frontex-Skandal um Ex-Direktor Leggeri weitet sich aus«, *Der Spiegel*, 28. Juli 2022, https://www.spiegel.de/ausland/frontex-skandal-um-pushbacks-und-fabrice-leggeri-vertuscht-verschleiert-belogen-a-6f3df3b4-8eef-4ae6-832b-237514cdb9fb.

23 Giorgos Christides, Steffen Lüdke und Maximilian Popp, »Nach SPIEGEL-Enthüllungen – Frontex-Chef Leggeri tritt zurück«, *Der Spiegel*, 29. April 2022, https://www.spiegel.de/ausland/frontex-chef-fabrice-leggeri-bietet-ruecktritt-an-a-735aff41-6d49-4154-ada6-37957488a381.

24 Giorgos Christides und Steffen Lüdke, »Rücktritt von Fabrice Leggeri: Die letzten Tage des Frontex-Chefs«, *Der Spiegel*, 6. Mai 2022, https://www.spiegel.de/ausland/ruecktritt-von-fabrice-leggeri-die-letzten-tage-des-frontex-chefs-a-2b4d9290-e499-4906-a7fa-cd28df2e59a4.

25 Alice Tidey, »Hungary Asylum Policies ›failed‹ to Fulfill EU Obligations, ECJ Rules«, Euronews, 17. Dezember 2020, https://www.euronews.com/my-europe/2020/12/17/hungary-asylum-policies-failed-to-fulfill-eu-obligations-ecj-rules.

26 Matthias Kolb, »Frontex verlässt Ungarn«, *Süddeutsche.de*, 28. Januar 2021, https://www.sueddeutsche.de/politik/eu-frontex-verlaesst-ungarn-1.5189116.

27 Christides u. a., »Wie eine Schattenarmee an Europas Grenzen Flüchtlinge misshandelt«.

28 »Council of Europe Anti-Torture Committee Publishes Report on Its 2020 Ad Hoc Visit to Croatia«, 3. Dezember 2021, https://www.coe.int/en/web/cpt/news-2021/-/asset_publisher/F4MCR6BvxitS/content/council-of-europe-anti-torture-committee-publishes-report-on-its-2020-ad-hoc-visit-to-croatia.

29 »Report to the Croatian Government on the visit to Croatia carried out by the European Committee for the Prevention of Torture and inhuman or Degrading Treatment or Punishment (CPT) from 10 to 14 August 2020« (Council of Europe, 3. Dezember 2021), 6, https://rm.coe.int/1680a4c199.

30 »Kroatien: Zoran Milanović wettert nach Pushback-Vorwürfen gegen EU«, *Der Spiegel*, 3. Dezember 2021, https://www.spiegel.de/ausland/kroatien-zoran-milanovic-wettert-nach-pushback-vorwuerfen-gegen-eu-a-55a6dd9e-eda5-441b-8ce1-c4a838d60e7d.

31 *Interview mit Bundesaußenminister Heiko Maas* (*Minute* 19.30 *bis* 25.30) (Tagesthemen, 2021), https://www.tagesschau.de/multimedia/sendung/tt-8653.html.

32 »Mateusz Morawiecki im Bild-Interview: Polen-Premier warnt vor 50 Millionen Migranten«, *bild.de*, 17. November 2021, https://www.bild.de/politik/ausland/politik-ausland/mateusz-morawiecki-im-bild-interview-polen-premier-warnt-vor-50millionen-fluecht-78275584.bild.html.

33 »Humanitäre Hilfe: Ärzte ohne Grenzen verlassen Grenzregion zwischen Polen und Belarus«, *Die Zeit*, 6. Januar 2022, https://www.zeit.de/politik/deutschland/2022-01/polen-belarus-gefluechtete-aerzte-ohne-grenzen-humanitaere-hilfe.

34 »Zurückdrängen von Flüchtlingen: Baerbock will Vorwürfe gegen Frontex klären«, tagesschau.de, 28. Juli 2022, https://www.tagesschau.de/ausland/europa/baerbock-griechenland-107.html.

35 »Außenministerin Baerbock: ›Griechenland kann sich auf Deutschlands Solidarität verlassen‹«, Auswärtiges Amt/Deutsche Vertretung in Griechenland, 28. Juli 2022, https://griechenland.diplo.de/gr-de/aktuelles/-/2545030.

36 Kelly M. Greenhill, *Massenmigration als Waffe: Vertreibung, Erpressung und Außenpolitik* (Kopp Verlag, 2016), 12.

37 »Massenmigration als Waffe: Die Türkei hat ein großes Druckmittel in der Hand«, *Cicero*, 17. November 2015, http://www.cicero.de/weltbuehne/massenmigration-als-waffe-die-tuerkei-hat-ein-grosses-druckmittel-der-hand/60134.

38 Kelly M. Greenhill, »Migration as a Weapon in Theory and in Practice«, *Military Review*, Nr. November-December (2016): 31, https://www.armyupress.army.mil/Portals/7/military-review/Archives/English/MilitaryReview_20161231_art007.pdf.

39 Paul Ronzheimer, *Sebastian Kurz: Die Biografie* (Verlag Herder, 2018), 97.

40 »Kurz: ›Wir sind bereits heute massiv überfordert‹«, *Kleine Zeitung*, 31. Oktober 2015, https://www.kleinezeitung.at/politik/aussenpolitik/4856227/Kurz_Wir-sind-bereits-heute-massiv-ueberfordert.

41 Silke Mülherr, »Österreichs Außenminister: ›Es wird nicht ohne hässliche Bilder gehen‹«, *DIE WELT*, 13. Januar 2016, https://www.welt.de/politik/ausland/article150933461/Es-wird-nicht-ohne-haessliche-Bilder-gehen.html.

42 Cathrin Kahlweit, »Sebastian Kurz: Athen soll Flüchtlinge besser versorgen«, *Süddeutsche Zeitung*, 3. März 2016, https://www.sueddeutsche.de/politik/sebastian-kurz-oesterreichischer-aussenminister-athen-soll-fluechtlinge-besser-versorgen-1.2889935.

43 »Kurz: ›Die meisten Toten entstehen, wenn wir in Europa offen sind‹«, *Kurier*, 8. März 2016, https://kurier.at/politik/ausland/kurz-die-meisten-toten-entstehen-wenn-wir-in-europa-offen-sind/185.712.757.

44 »Flüchtlinge: Österreichs Außenminister will Flüchtlinge auf Inseln internieren«, *Die Zeit*, 5. Juni 2016, https://www.zeit.de/politik/ausland/2016-06/fluechtlinge-oesterreich-sebastian-kurz-mittelmeer.

45 »Kurz: ›NGO-Wahnsinn muss beendet werden‹«, *Kurier*, 24. März 2017, https://kurier.at/politik/ausland/kurz-kritisiert-ngo-rettungsaktionen-im-mittelmeer-scharf/254.035.894.

46 »Migration: Österreichs Innenminister Kickl will keine Asylanträge mehr in der EU«, *DIE WELT*, 10. Juli 2018, https://www.welt.de/politik/ausland/article179111696/Migration-Oesterreichs-Innenminister-Kickl-will-keine-Asylantraege-mehr-in-der-EU.html.

47 »Kickl: Künftig keine Asylanträge mehr in Österreich«, Bundesministerium für Inneres, zugegriffen 3. August 2022, https://www.bmi.gv.at/news.aspx?id=4346566837756464A4B4D493D.

48 Conrad Seidl, »Im Finish liefert Kurz noch ein paar Wortspenden zur Migration«, *Der Standard*, 23. September 2019, https://www.derstandard.at/story/2000108989311/im-finish-liefert-kurz-noch-ein-paar-wortspenden-zur-migration.

49 »Nach Brand in Moria: Sebastian Kurz: Österreich nimmt keine Flüchtlinge auf«, *Frankfurter Allgemeine Zeitung*, 12. September 2020, https://www.faz.net/aktuell/politik/inland/sebastian-kurz-lehnt-aufnahme-von-migranten-aus-moria-ab-16949905.html.

50 »Antwort der Bundesregierung auf die Kleine Anfrage der Fraktion der CDU/CSU – Drucksache 20/822 – Sekundärmigration von in Griechenland, Italien und in anderen EU-Mitgliedstaaten anerkannten Schutzberechtigten nach Deutschland« (Deutscher Bundestag, 25. März 2022), https://dserver.bundestag.de/btd/20/012/2001221.pdf.

51 »#brennpunkt – Flüchtlingsströme: Kann sich 2015 wiederholen?« (*Krone* TV, 2020), https://www.youtube.com/watch?v=1vxiLarmKgs.

52 »Asylum applicants by type of applicant, citizenship, age and sex - annual aggregated data (rounded)«, Eurostat, zugegriffen 28. September 2022, https://appsso.eurostat.ec.europa.eu/nui/show.do?dataset=migr_asyappctza; Die Zahlen für März 2022: Annie Charalambous, »Total of 5,120 Asylum Seeking Applications Submitted between January-March 2022«, *In-Cyprus.com*, 15. April 2022, https://in-cyprus.philenews.com/news/local/total-of-5120-asylum-seeking-applications-submitted-between-january-march-2022/; Siehe auch: »Migration Profile CYPRUS« (Migrant.refugees.va, Juni 2020), https://migrants-refugees.va/it/wp-content/uploads/sites/3/2021/09/2020-CP-Cyprus-EN.pdf.

53 »United Nations operation in Cyprus, Report of the Secretary-General« (United Nations, 5. Juli 2022), 10, https://unficyp.unmissions.org/sites/default/files/s-2022-533_sg_report_on_united_nations_operation_in_cyprus.pdf.

54 »First instance decisions on applications by citizenship, age and sex - annual aggregated data (rounded)«, Eurostat, zugegriffen 28. September 2022, https://appsso.eurostat.ec.europa.eu/nui/show.do?dataset=migr_asydcfsta.

55 2021 gab es aus ganz Deutschland 12.000 Abschiebungen. »Abschiebungen in Deutschland«, Bundeszentrale für politische Bildung, 19. April 2022, https://www.bpb.de/themen/migration-integration/zahlen-zu-asyl/265765/abschiebungen-in-deutschland/.

56 »Interior Minister Backs Use of Physical Barriers along Green Line«, *Cyprus Mail*, 24. Januar 2022, https://cyprus-mail.com/2022/01/24/interior-minister-backs-use-of-physical-barriers-along-green-line/.

57 »Schinas Says Turkey and TCs Must Assume Their Responsibilities for Migration Flows to Cyprus«, *Cyprus Mail*, 18. Juni 2022, https://cyprus-mail.com/2022/06/18/schinas-says-turkey-and-tcs-must-assume-their-responsibilities-for-migration-flows-to-cyprus/.

58 Thomas Gutschker, »Solidaritätsmechanismus der EU: Noch im Juli sollen Migranten umverteilt werden«, *Frankfurter Allgemeine Zeitung*, 12. Juli 2022, https://www.faz.net/aktuell/politik/ausland/eu-plan-fuer-verteilung-von-migranten-nimmt-gestalt-an-18167716.html.

59 »United Nations operation in Cyprus, Report of the Secretary-General«, 2f.

60 Anna Thalhammer, »Asyl: Bitte weiterziehen«, *Die Presse*, 4. August 2022, https://www.diepresse.com/6173788/asyl-bitte-weiterziehen.

61 »Asylum applicants by type of applicant, citizenship, age and sex - annual aggregated data (rounded)«.

62 Zypriotisches Innenministerium, Botschafterin M. Papakyriakou, Berlin, 18. August 2022.

63 Deutscher Bundestag, »Antwort der Bundesregierung auf die Kleine Anfrage der Abgeordneten Clara Bünger, Nicole Gohlke, Anke Domscheit-Berg, weiterer Abgeordneter und der Fraktion DIE LINKE: Abschiebungen und Ausreisen im Jahr 2021«, 2. März 2022, https://dserver.bundestag.de/btd/20/008/2000890.pdf.

64 »Mediterranean Situation: Italy«, UNHCR, zugegriffen 28. September 2022, https://data.unhcr.org/en/situations/mediterranean/location/5205.

65 Januar bis Mai 2022: Syrer 1.329, Afghanen: 2.180.

66 »Asylum applicants by type of applicant, citizenship, age and sex - annual aggregated data (rounded)«, Eurostat, zugegriffen 28. September 2022, https://appsso.eurostat.ec.europa.eu/nui/show.do?dataset=migr_asyappctza. Daten für 2022: Zypriotisches Innenministerium, August 2022.

67 »First instance decisions on applications by citizenship, age and sex - annual aggregated data (rounded)«; »Third country nationals returned following an order to leave - annual data (rounded)«.

68 »Greece to Start Recruiting Bangladeshi Workers Soon: Greek Migration Minister«, *The Business Standard*, 26. August 2022, https://www.tbsnews.net/bangladesh/greece-start-recruiting-bangladeshi-workers-soon-greek-migration-minister-484110.

69 Salvador Calvo, »Lo que esconden las cifras (Was die Zahlen verbergen)«, *La Voz de Galicia*, 29. Januar 2021, https://www.lavozdegalicia.es/noticia/opinion/2021/01/29/esconden-cifras/0003_202101G29P16992.htm.

70 Cecilia Moya, »Salvador Calvo sobre *Adú*: ›Hemos demostrado que el cine social funciona en taquilla‹ (Salvador Calvo über *Adú*: ›Wir haben gezeigt, dass soziales Kino an den Kinokassen funktioniert‹)«, *elEconomista*.es, 31. Januar 2021, https://www.eleconomista.es/status/noticias/11020714/01/21/Salvador-Calvo-sobre-Adu-Hemos-demostrado-que-el-cine-social-funciona-en-taquilla.html.

71 Cristina Armunia Berges, »El mundo mira a Melilla entre demandas de investigaciones independientes de las 37 muertes (Die Welt blickt auf Melilla und fordert unabhängige Untersuchungen zu 37 Todesfällen)«, *elDiario*.es, 26. Juni 2022, https://www.eldiario.es/desalambre/mundo-mira-melilla-respaldo-europeo-exigencia-investigaciones-independientes_1_9119934.html.

72 »Sánchez elogia el trabajo de Marruecos para intentar evitar el ›asalto violento‹ en Melilla (Sánchez lobt Marokkos Bemühungen, ›gewaltsame Übergriffe‹ in Melilla zu verhindern)«, *Europa Press*, 24. Juni 2022, https://www.europapress.es/nacional/noticia-sanchez-elogia-trabajo-marruecos-intentar-evitar-asalto-violento-melilla-20220624162149.html.

73 »Sánchez lamenta la pérdida de vidas humanas en Melilla (Sánchez bedauert den Verlust von Menschenleben in Melilla)«, RTVE.es, 27. Juni 2022, https://www.rtve.es/noticias/20220627/sanchez-lamenta-perdida-vidas-humanas-melillas-insiste-mafias-internacionales/2385541.shtml.

74 *El Economista*, 32. Januar 2021, «Salvador Calvo sobre *Adú*: «Hemos demostrado que el cine social funciona en taquilla», https://www.eleconomista.es/status/noticias/11020714/01/21/Salvador-Calvo-sobre-Adu-Hemos-demostrado-que-el-cine-social-funciona-en-taquilla.html .

75 ADÚ | *Trailer* (Paramount Pictures Spain, 2019), https://www.youtube.com/watch?v=FxQ7Y3mgfec.

76 *Uppers*, 28. Januar 2020, Salvador Calvo, director de *Adú*: «Ninguna valla puede parar a nadie cuando su necesidad de

supervivencia es tan imperiosa", https://www.uppers.es/cultura-y-entretenimiento/cine/salvador-calvo-adu-telecinco-cinema-inmigracion_18_2890395240.html.

77 Filippo Grandi [@FilippoGrandi], »In 2020 (a Year of Lockdowns!) 82.4 Million Were Forced to Flee - 3 Million More than in 2019. COVID-19 Stopped so Much but War, Discrimination and Violence Continued. It Was Thousands of Small Solidarity Acts That Helped Relieve the Pain of Exile Caused by Political Failures.«, Tweet, *Twitter*, 18. Juni 2021, https://twitter.com/FilippoGrandi/status/1405827256174497793.

78 Gerald Knaus, Welche Grenzen brauchen wir? Zwischen Empathie und Angst – Flucht, Migration und die Zukunft von Asyl, Piper, 2020.

Sämtliche Weblinks wurden zuletzt am 10. Oktober 2022 abgerufen. Übersetzungen aus dem Englischen stammen von Gerald Knaus.

Der Autor

Gerald Knaus ist international gefragter Experte für die Themen Flucht, Migration und Menschenrechte und berät zahlreiche Regierungen und Institutionen. Der Gründungsdirektor der Denkfabrik European Stability Initiative (ESI) studierte Philosophie, Politik und Internationale Beziehungen in Oxford, Brüssel und Bologna, war Gründungsmitglied des European Council on Foreign Relations und Associate Fellow am Carr Center for Human Rights Policy der Harvard University's John F. Kennedy School of Government. 2020 erschien sein Spiegel-Bestseller *Welche Grenzen brauchen wir?*
Weitere Informationen unter: www.grenzen.eu

Für die Ideen in diesem Buch bin ich sehr vielen Menschen zu Dank verpflichtet.

Den vielen Journalisten und Journalistinnen, auf deren Arbeit sich unser Wissen zur Gewalt an Europas Grenzen stützt: insbesondere Isabel Schayani von der ARD und dem *Spiegel*-Migrations-Team, das seit Jahren unermüdlich zu Südosteuropa recherchiert. Experten wie Engelhard Mazanke von der Berliner Ausländerbehörde und Hubert Faustmann von der Friedrich Ebert Stiftung in Nikosia; Lukas Gahleitner und Judith Kohlenberger in Wien; dem Sea-Eye-Team, Klaus Schwertner von der Caritas; Politikern wie der kürzlich verstorbenen Madeleine Albright oder Josep Borrell; den Verhandlern des deutschen Koalitionsvertrags Joachim Stamp, Boris Pistorius, Frank Schwabe und Erik Marquart, auch für die Gelegenheit, bei den Verhandlungen Ideen vorzutragen; dazu Wolfgang Schmidt, Armin Schuster, Konstantin Kuhle, Helge Lindt, Siegfried Lorek und vielen mehr. Ich danke meinen Kollegen und Kolleginnen in der deutschen Fachkommission Fluchtursachen; der Stiftung Mercator in Essen, SIDA in Stockholm, dem Institut für die Wissenschaften vom Menschen und der ERSTE Stiftung in Wien, Michael Schwarz und

Anne Duncker, Rory Stewart und Boris Marte (Mehr: www.grenzen.eu/danke).

Ohne die Unterstützung von Franziska Günther von der Agentur Graf & Graf, die Energie von Judith E. Innerhofer und dem Team bei Brandstätter gäbe es dieses Buch nicht. Für seine Initiative danke ich dem Herausgeber Hannes Androsch. Dieses Buch wäre auch undenkbar ohne das großartige ESI-Team: Carlos Gonzalez Fernandez, Magdalena Milenkovska, Miryam van Leeuwen, Kyle Zurcher, Katharina Schuchman, Anin Ohm, Barbara Krumpholz, Karla Körner und Yusuf Tatlı. Besonderen Dank schulde ich Adnan Ćerimagić, Adnan Smajić, John Dalhuisen, Kristof Bender, Erkut Emcioğlu, Pascal Franz, Felipe Palma und, hervorgehoben, Christian Altfuldisch.

Für Inspiration, Unterstützung und unzählige Anregungen danke ich Fanny für viele Anstöße und Gespräche; Amelie und ihrer augenöffnenden Arbeit bei Caritas in Zypern; Melek auch für ihre Erfahrungen in Moldau; Verena in Genf und Natalie in Ravensburg. Meinen Eltern, Irene und Siegfried. Und natürlich und immer wieder Katharina für Ideen, Fakten, Korrekturen und Geduld, für gemeinsame Forschung, Reisen, Leben und Liebe.

Impressum

Liebe Leser*innen,
wir sagen Danke, dass wir Sie auf Ihrer Lesereise begleiten durften. Viele weitere Bücher für spannende Debatten und Denkanstöße finden Sie unter

www.brandstaetterverlag.com

Für Informationen und weitere Titel aus der Reihe **Auf dem Punkt** besuchen Sie

ISBN 978-3-7106-0647-2

2. Auflage, 2022

Designed in Austria, printed in Europe

Herausgeber: Dr. Hannes Androsch

Grafische Gestaltung: Capitale Design Studio
Schriften: Grotta, Novel Pro
Lektorat: Arnold Klaffenböck
Projektleitung: Judith E. Innerhofer
Redaktionelle Mitarbeit des Herausgebers:
Trautl Brandstaller & Christian Müller

Wir tragen Verantwortung

Der Inhalt dieses Buchs wurde auf hochwertigem, FSC©-zertifiziertem Naturpapier gedruckt. Dieses Papier trägt darüber hinaus ein Zertifikat auf dem Cradle to Cradle Certified® Silver Level.

Das Forest Stewardship Council® ist eine internationale Nichtregierungsorganisation, die weltweit eine umweltfreundliche, sozial gerechte und wirtschaftlich tragfähige Bewirtschaftung der Wälder fördert. Cradle to Cradle® zielt auf ein ökologisch verträgliches Wirtschaften in sich wiederholenden Rohstoff-Produkt-Kreisläufen ab.

Für die Druckproduktion und Endfertigung wurde auf umweltfreundliche, ressourcenschonende und schadstofffreie Produktionsweisen und Materialien geachtet. Die Druckerei ist FSC© und PEFC™-zertifiziert, regelmäßige Audits erfolgen im Rahmen der internationalen Umweltmanagementnorm ISO 14001 (Nr. 35025/C/0001/UK/En).

Diese international anerkannten, unabhängigen und regelmäßig überprüften Standards gewährleisten eine umweltgerechte, sozial verträgliche, nachhaltige und ökonomisch tragfähige Nutzung entlang der gesamten Wertschöpfungskette Holz, vom Baum bis zum Buch.